...省社会科学基金项目"当代中国政治语境下治理理论研究"（批准号：09ZZB002）的最终成果
...省高校哲学社会科学研究基金资助项目"多元主体协同治理现代化的逻辑理路与推进路径研究"
（准号：2014SJB068）的阶段性成果

当代中国政治语境下公共治理理论有效适用初论

刘德林　魏崇辉　著

中央编译出版社
CCTP
Central Compilation & Translation Press

图书在版编目（CIP）数据

当代中国政治语境下公共治理理论有效适用初论 / 刘德林，魏崇辉著. -- 北京：中央编译出版社，2015.7

ISBN 978-7-5117-2433-5

Ⅰ.①当… Ⅱ.①刘… ②魏… Ⅲ.①公共管理—研究—中国 Ⅳ.①D63

中国版本图书馆CIP数据核字（2014）第301828号

当代中国政治语境下公共治理理论有效适用初论

出 版 人：	刘明清
出版统筹：	董　巍
责任编辑：	曲建文
责任印制：	尹　珺
出版发行：	中央编译出版社
地　　址：	北京市西城区车公庄大街乙5号鸿儒大厦B座（100044）
电　　话：	（010）52612345（总编室）　（010）52612363（编辑室）
	（010）52612316（发行部）　（010）52612315（网络销售）
	（010）52612346（馆配部）　（010）66509618（读者服务部）
传　　真：	（010）66515838
经　　销：	全国新华书店
印　　刷：	北京振兴源印务有限公司
开　　本：	710毫米×1000毫米　1/16
字　　数：	168千字
印　　张：	12.25
版　　次：	2015年7月第1版第1次印刷
定　　价：	38.00元
网　　址：	www.cctphome.com　　邮　箱：cctp@cctphome.com
新浪微博：	中央编译出版社　　微　信：中央编译出版社（ID：cctphome）
淘宝店铺：	中央编译出版社直销店（http://shop108367160.taobao.com）

本社常年法律顾问:北京市吴栾赵阎律师事务所律师　闫军　梁勤
凡有印装质量问题，本社负责调换。电话：010-66509618

前言

衍生于西方语境下的公共治理理论被大量引介入中国后，获得学术界广泛关注。为了应对公共治理理论研究中存在的一些问题，在有效适用要件不完全具备的情况下，当代中国政治语境下公共治理理论有效适用研究必须着眼于如何促成公共治理理论与马克思主义政治观的融通，并将之嫁接于现实中，进而推动有效适用。努力构建当代中国政治语境下公共治理理论有效适用研究的分析框架，是针对倡导"问题意识"与"规范意识"作出的尝试。公共治理理论是源于西方语境下的一种理论形态。只有国家与社会满足多中心的条件之后，公共治理理论才能得到完全意义的有效适用。当代中国政治语境下，立足马克思主义政治观视域，公共治理理论的有效适用及其促成，促使我们正确地学习和借鉴缘起于现代西方理论形态，正确地确立国家与社会之间的良性关系。这一过程是当代中国民主政治发展的过程。社会主义当代中国，马克思主义政治观与公共治理理论的融通点在于推进民主政治发展。马克思主义经典作家认为，政治发展以实现人的全面发展为最终目的。从人类社会发展的全过程来看，政治发展一个导向自身消亡的过程。从政治系统发展的形态来看，政治发展特指现代化过程中的政治变迁。它既构成政治现代化的原因，也成为政治现代化的结果。执政党在政治系统由政治发展向政治现代化变迁中发挥重要作用。立足于当前的我国，政治发展应该是以实现"每个人的自由发展"为未来走向，以政治现代化为当前走向；基本定位是我国和谐社会构建中的政治发展。

对逻辑的剖析是当代中国公共治理理论有效适用的必要步骤。后发国家的公共治理理论有效适用与政治发展的推动密切勾连。成熟的政治权威与社会权威是公共治理理论有效适用的要件。公民参与与协商机制是公共治理理论有效适用的根基。公共治理理论有效适用之逻辑在于推动政治发展，逻辑核心体现在法治与民主的完善。公共治理理论有效适用、政治发展的推动、法治与民主的完善和政治权威与社会权威的成熟、公民参与的有序扩大与协商机制设置是相适应的。社会自治权是公共治理理论有效适用中公共权力体系基本组成要件。当代中国公共治理理论的根本阻梗在于国家权力的强势渗透与控制。公共治理理论有效适用的过程，是对公共权力分享的过程，是权威由单一的政府权威向政府权威与社会权威并进转换的过程。以推动公共治理理论有效适用为旨归的权力分享与权威转换中，信任发挥基础性作用。公共治理理论有效适用对整个社会信任构建亦起到作用。

当代中国公共治理理论有效适用的旨趣在于通过这一过程形成对现代制度建设的推动和促进，现代制度的逐步确立与完善反过来则有利于公共治理理论的有效适用。现代制度建设与公共治理理论

前 言

有效适用同样需要多元主体的成长与成熟。当代中国公共治理理论有效适用之必要更多来源于过程意义上,其关键是公民与社会组织的成长与成熟,其保障是党的领导。对当代中国公共治理理论有效适用的考量需要与民主政治发展密切勾连展开。民主政治发展贯穿当代中国公共治理理论有效适用,二者互相促动,和谐共进。当代中国公共治理理论有效适用的目标是社会冲突的预防与化解,肯认与生成共识是其根基。冲突的化解与共识的凝练需要政府的回应。政府的有效回应需要公民与公民社会的监督与制约。这是当代中国公共治理理论有效适用的可行路径。当代中国公共治理理论有效适用的指向是实现公共利益。公共治理理论有效适用过程中,要实现公共利益必须不能以个人利益、群体利益吞噬公共利益,不能以意识形态之争掩盖利益之争。只有多中心行为主体均势,才能使得公共治理理论有效适用成为可能。当前,实质上仍未真正达到多中心行为主体均势。偏离指向与未竟均势使得治理秩序建构意义显著。反过来,秩序的建构关系到公共治理理论适用的未来指向与均势走向。指向、均势与秩序在逻辑上是相互关联的。对当代中国公共治理理论有效适用之指向、均势与秩序的研究既是出于对公共管理学科政治学基础的强调,也是试图在学术研究上对偏差研究倾向的纠正。结构是公共治理理论有效适用的基本媒介,其包含有结构主体及结构设置。借由比较整体性治理与网络治理方式的异同,透析当代中国公共治理理论有效适用的可能方式。公共治理理论对多元主体的追求有引致责任模糊的风险。这要求政府(执政党)勇于担当首要公共治理责任。公民亦必须承担相应的公民责任。

共识的缺失使得公共治理仅仅依靠权力的博弈，这种博弈可能更多局限于精英内部展开，民众更多充当的是旁观者。政治发展会更多沦落为统治阶层内部为了维护其既得利益作出的最低限度的妥协与退让。主导公共治理理论能否有效适用的是政府。主导政府的是精英。一定意义上，主导公共治理理论有效适用的是精英。精英与政府是一种交叉关系，又拥有各自的定位。精英共谋直接危害公共治理理论的有效适用。对此的破解需要从精英生成着手。后发国家，公共治理理论有效适用的过程同时是走向现代化的过程。现代化导向的阶层变迁与精英功用之间的良性互动是公共治理理论有效适用的动态展示，这同时为破解阶层固化的过程，是推动社会成功转型的过程，彰显了公共治理理论有效适用与政治发展密切勾连的关系。

当代中国国家治理现代化实现了对缘起于西方的公共治理理论的超越。这种超越并不否定公共治理理论的借鉴意义，公共治理理论的有效适用与当代中国国家治理现代化有共通之处。对共通与超越的科学理解建立在对当代中国国家治理现代化的准确定位之上。马克思国家与社会学说为当代中国国家治理现代化提供了理论指导。从治理的本原内涵出发，国家治理指国家主导下的多元主体共同治理，其强调的是"国家"与"治理"的双重意涵。当代中国国家治理是既要充分发挥社会主义国家优势，又要充分发挥治理优势的治理形态。判断当代中国国家治理现代化的原则是党的领导、人民当家作主、依法治国。法治、民主、协商、高效是判断当代中国国家治理现代化的标准。当代中国国家治理现代化存在着共识缺失、既

前　言

得利益集团危害、精英共谋的困境。以马克思国家与社会学说为指导，从基本理解出发，要应对当代中国国家治理现代化的困境，必须构建成熟的多元主体。

治理的核心要义在于多元主体。国家治理是国家主导之下的多元主体共同治理。国家治理现代化的推进是目标，更是过程，其与多元主体的构建是互动的、交融的。多元主体的逐渐构建，是不断推进国家治理现代化的过程，而国家治理现代化的有效推进为多元主体的成功构建提供了基本的支撑。

目 录

第一章 当代中国政治语境下公共治理理论研究
　　——一个分析框架构建的尝试 ········· 1

　第一节　当代中国政治语境下公共治理理论研究述评 ········· 3
　第二节　公共治理理论及其有效适用研究:西方与当代中国 ········· 12
　第三节　努力构建科学化与本土化统一的公共治理理论 ········· 21

第二章 比较视野下的政治发展与
和谐社会构建中公共治理理论有效适用 ········· 23

　第一节　公共治理理论有效适用与当代中国民主政治发展 ········· 25
　第二节　权威成熟:贯穿公共治理理论
　　　　　有效适用与改革发展的基本范畴 ········· 38
　第三节　要义与理解:西方公共治理理论的当代中国有效适用 ········· 49

第三章 公共治理理论有效适用之逻辑、权威与根基 ········· 63

　第一节　公共治理理论有效适用之逻辑:理解与核心 ········· 65
　第二节　政治权威与社会权威:公共治理理论
　　　　　有效适用的双重权威基石 ········· 69
　第三节　公共治理理论有效适用中的权力、权威与信任 ········· 72

第四章　公共治理理论有效适用之必要、关键与保障 …… 83

第一节　过程意义上的公共治理理论有效适用 …… 85

第二节　当代中国公共治理理论有效适用之关键
　　　　——公民与社会组织的成长与成熟 …… 88

第三节　公共治理理论有效适用之保障
　　　　——党的领导 …… 93

第五章　公共治理理论有效适用的目标、根基与可行路径 …… 99

第一节　目标与指向：当代中国政治语境公共治
　　　　理理论有效适用的旨归 …… 101

第二节　均势与秩序：社会主义民主政治发展与公共治
　　　　理理论有效适用 …… 107

第三节　结构、方式与责任：公共治理理论有效适用的可行路径 …… 113

第六章　公共治理理论有效适用的困境及其破解：
共识、精英与阶层变迁的视角 …… 125

第一节　共识及其意义：基于对公共治理理论有效适用困境的解读 …… 127

第二节　精英及其生成：从对共识的追求出发 …… 130

第三节　现代化导向的阶层变迁与精英功用：
　　　　公共治理理论有效适用中的应然与实然之辨 …… 135

第七章　共通、超越与定位：公共治理理论有效适用与
当代中国国家治理现代化 …… 141

第一节 当代中国国家治理现代化：
　　　　研究现状述评、存在的问题与可能应对 …………… 143
第二节 治理语境下当代中国国家理论与实践
　　　　——以马克思国家与社会学说为指导 …………… 147
第三节 当代中国国家治理现代化之内涵、原则与标准及其实践 … 151
第四节 当代中国国家治理现代化的困境
　　　　——一个共通性的展现 …………………………… 154
第五节 困境之应对：当代中国国家治理现代化的多元主体构建 … 158

结　语 ………………………………………………………… 163

参考文献 ……………………………………………………… 165

第一章 当代中国政治语境下公共治理理论研究
——一个分析框架构建的尝试

◆ 第一节　当代中国政治语境下公共治理理论研究述评

◆ 第二节　公共治理理论及其有效适用研究：西方与当代中国

◆ 第三节　努力构建科学化与本土化统一的公共治理理论

"致力于摆脱作为社会治理模式的代议制民主的困境……再造民主政治生活",是始于20世纪70年代以来"治理革命"的使命。多中心治理是治理革命的"元叙事"。①公共治理理论有效适用实质就是发挥多中心行为主体在公共治理中的作用。当代中国政治语境下,全能主义依旧是主导政治生活的主流理念,意图使得公共治理理论有效适用,必须推动民主政治发展。这建立在对公共治理理论有效适用当代中国研究现状理性认知的基础之上。

---

① 孔繁斌:《公共性的再生产——多中心治理的合作性建构》,南京:江苏人民出版社2008年版,"作者的话"第1页。

第一节 当代中国政治语境下公共治理理论研究述评

西方语境下，公共治理理论的有效适用具有充裕的要件。当代中国政治语境[①]下，在这些条件不完全具备的情况下，如何理解公共治理理论通过与马克思主义政治观的融通，嫁接于现实中，并促成其有效适用，是当前和今后一个时期公共治理理论研究的重点。本文试图论证，当代中国促成公共治理理论有效适用的过程，就是公共治理理论有效适用要件逐渐得以满足的过程，就是当代中国民主政治发展的过程，就是逐渐走向"自由人的联合体"的过程。这一过程通过公共治理理论的核心和本质——多元主体展示。以此来考察西方国家，也许正如有的学者指出的那样，"当代西方国家无疑仍是资本主义国家，但是它们向共产主义社会的转变已初露端倪"，"资产阶级权利体系已呈现出走向消解的迹象（当然不会很快完成）"。[②]

[①] 这里的"当代中国政治语境"与"马克思主义政治观视域"具有共通性。以"当代中国政治语境下公共治理理论有效适用研究"为题，笔者意欲强调指出，只有在当代中国政治语境下，考察公共治理理论的当代中国有效适用才是现实的，可行的。且马克思主义政治观与公共治理理论确有交融之处。对现实与可能的追求促成了此文题。

[②] 郁建兴：《马克思国家理论与现时代》，上海：东方出版中心2007年版，第87页。

一、研究现状

对研究积累的规范检讨是科学研究的基本步骤之一。从国外的研究来看，公共治理理论成为学术界研究的热点是从1989年世界银行讨论非洲发展时首次使用"治理危机"开始的。作为一个概念的"治理"最初出现在市政学研究中，用来论证如何更好地解决城市和地方的各类问题。后来，被应用于国家（中央政府）这一层面，再后来，又被应用于解决国际上的重大问题，"全球治理"的概念被提出来。公共治理理论传至中国以来，得到学界广泛关注。此背景下，当代中国公共治理理论有效适用研究取得了丰硕研究成果。根据郁建兴等人的研究[①]，国内最早介绍"治理"或者"治道"的文章，可能是发表在《公共论丛》《市场逻辑与国家观念》专辑（1995年）上署名智贤的论文《GOVERN ANCE：现代"治道"新概念》。此外，徐勇1997年发表的论文"Governance：治理的阐释"，毛寿龙等的专著《西方政府的治道变革》（1998年），俞可平1999年发表的论文《中国公民社会的兴起与治理的变迁》等，都相当及时地介绍了公共治理理论的基本理念及其发展态势。俞可平在引介公共治理理论方面作出了影响较大的工作，其主编的《治理与善治》（2000年）对公共治理理论的前期研究成果进行了阶段性总结。孙柏瑛的《当代地方治理：面向21世纪的挑战》（2004年）是目前国内对治理与地方公共治理理论梳

---

① 郁建兴、黄红华：《2006年中国公共管理研究前沿报告》，《中共宁波市委党校学报》，2007年第3期；孙萍、耿国阶、张晓杰：《中国治理研究：引介、应用、反思与转化——本土化视角的文献回顾》，《南京社会科学》，2008年第3期。

理得较为全面与系统的著作。其他有一定代表性的研究成果还有：《中国行政管理》2001年第9期的《中国离"善治"有多远——"治理与善治"学术笔谈》、《南京社会科学》2001年第9期《治理理论与公共管理（笔谈）》、李风华发表于《湖南师范大学社会科学学报》2003年第5期的《治理理论：渊源、精神及其适用性》、刘鸿翔发表在《云梦学刊》2008年第2期的《论治理理论的起因、学术渊源与内涵特点》、龙献忠、杨柱发表在《云南师范大学学报（哲学社会科学版）》2007年第4期的《治理理论：起因、学术渊源与内涵分析》；曹任何的博士论文《治理的兴起与政府合法性重建》等。同时，出现了一些运用公共治理理论研究当代中国问题的成果，开始了这一理论的本土化。比如何增科发表在《中共福建省委党校学报》2002年第3期上的《治理、善治与中国政治发展》、燕继荣发表在《北京行政学院学报》2006年第1期上的《治民·治政·治党——中国政治发展战略解析》、滕世华的专著《公共治理视角下的中国政府改革》（中共中央党校出版社，2003年版）、柳春慈的博士论文《治理理论视角下的乡镇政府职能研究》、王咺的博士论文《治理视角下的地方政府主导性研究——以苏州为个案》。等等。

二、存在问题

有学者在对近十年来（1995—2005）中国行政学研究评估时曾经指出，"必须要不厌其烦地倡导'问题意识'和'规范意识'。这两个向度的努力将在某种意义上把握住中国行政学的现代性和本土性问题"①。这对于当代中国政治语境下的公共治理理论研究同样适用。国内已有研究成果或往往集中在对治理与善治（治理有效适用的理想状态）的理论叙述上，追求套用西方的时髦话语，演变成为了"治理"这个词而"治理"，为"善治"而"善治"，正如鲍勃·杰索普（Bob Jessop）所说，"过去15年来，它在许多语境中大行其道，以至成为一个可以指涉任何事物或毫无意义的'时髦词语'"②。与"治理"、"善治"相关的一些概念如"市民社会"、"公民社会"③、"利益集团"等等也很快风行起来；或强行将当代中国的现实归拢到公共治理理论上，用善治的诸多标准、要素来考察当代中国的现实，似乎有意或无意地忽视公共治理理论的衍生语境，忽视公共治理理论有效适用要件，生搬硬套的痕迹比较明显。比较而言，近年来，地方治理研究取得

---

① 何艳玲：《问题与方法：近十年来中国行政学研究评估（1995—2005）》，《政治学研究》，2007年第1期。有研究者曾经在对在对政治学研究进行评估的时候，对论文的规范性从以下几个方面进行判断：（1）是否有理论预设；（2）是否有明确的问题意识；（3）是否有文献评论；（4）文献引用情况如何。参见肖唐镖、郑传贵：《主题、类型和规范：国内政治学研究的状况分析——以近十年复印报刊资料〈政治学〉中的论文为对象》，《北京行政学院学报》，2005年第2期。这些判断对治理理论研究同样适用。

② [英]鲍勃·杰索普：《治理的兴起及其失败的风险：以经济发展为例的论述》，《国际社会科学杂志》（中文版），1999年第2期。

③ 德国学者托马斯·海贝勒、诺拉·绍斯米卡特指出："尽管中国出现了社会分化、利益重组以及利益代表的重构，但是公民社会以独立于国家的自治和独立于传统结构如家族、单位或家庭的自治为前提，涉及公民结构及其思维模式的形成等诸多因素，其形成条件在中国才显露征兆，中国现在还没有产生公民社会。把西方语境中的公民社会观援引到中国，可能会出现根本不适用的情况。"因此，必须充分关注现实，充分探讨当代中国政治语境下的公共社会观及其有效适用。直接运用西方的公共社会观研究中国现实有出现水土不服的危险，最终可能会走入玩弄语言游戏的死胡同。参见[德]托马斯·海贝勒、诺拉·绍斯米卡特：《西方公民社会观适合中国吗？》，《南开学报》（哲学社会科学版），2005年第2期。

了一定成果。但地方治理研究集中在乡村治理上,且脱离整个政治语境宏观视域的乡村治理研究的价值也颇令人质疑,同时,专门研究县级及其以上治理的成果很少。

总的来说,以往的多数成果很大程度上是仅仅从公共行政学、公共管理学的角度来研究公共治理理论,忽视了当代中国的政治语境,给人的感觉似乎当代中国的情况完全可以有效地适用公共治理理论。"学界对这一语汇还缺乏深入的理论分析,特别是缺乏以中国为本位的探讨,以至我们在运用这一语汇对村民自治、社区自治、民间组织及其国家与社会关系的分析时,没有强有力的理论支持和解释力。"① "……近年来公共管理学科的发展如火如荼,许多政治学学者加入到了公共管理研究的行列,人们越来越重视对公共事务、公共行政和公共政策的探讨。与此形成鲜明对比的是,政治学自身的许多研究领域却少有人问津。" "……许多公共管理问题的解决,最终还要有赖于政治体制改革和民主政治的推进。"② 当代中国政治语境下,研究公共治理理论不从马克思主义政治观出发,不立足当代中国政治现实,只会是肤浅的。笔者通过对"中国期刊全文数据库"的检索(截止2013年11月1日)发现,以"(公共)治理理论"与"当代中国政治"、"马克思主义"等结合为题研究的成果非常少。③ 虽然有学者已经认识到从当代中国政治语境出发考察公共治理理论的重要性,指出"吸取西方国家政府治理的成功经验,提出

---

① 徐勇:《治理转型与竞争——合作主义》,《开放时代》,2001年第7期。
② 陈尧:《新权威主义政权与民主转型》,上海:上海人民出版社2006年版,总序第2页。
③ 其中燕继荣的研究具有代表性。参见燕继荣:《治民·治政·治党——中国政治发展战略解析》,《北京行政学院学报》,2006年第1期;燕继荣:《中国政治发展:理论与实践的双重变奏》,《学习与探索》,2006年第3期。

新的治理思路并提炼出一些适合中国的治理理念,这既是对中国当前面临问题的回应也是对政府治理理论的充实和完善"[①],虽然学术界对于公共治理理论有效适用要件,已经有了一定的认识和研究,但是,大多数研究成果仍然集中在表象而不是实质上。众所周知,公共治理理论核心和本质是多元主体。这在当代中国政治现实语境下集中体现在公民、中间阶层、利益团体、政府、执政党等身上。从这些既定现实主体出发来研究公共治理理论有效适用的成果很少,从马克思主义政治观与公共治理理论的关系、公共治理理论有效适用过程的动态描述及其与当代中国民主政治发展之间的共进互动关系深入梳理和挖掘的研究成果尚不多见。

对公共治理理论与当代中国政治发展作勾连式研究的代表性著作有:《治理、善治与中国政治发展》[②]一文指出,当代中国政治发展方面取得了的成就与治理和善治理论所倡导的理念不谋而合。该文以治理和善治的理论框架分析了当代中国政治发展的成就,指出了中国政治发展的未来方向;《治民・治政・治党:中国政治发展战略解析》[③]一文引用公共治理理论,结合中国实际,按照"双边治理"的思路,概括出中国政治发展的三条线路:治民(社会治理)、治政(政府治理)、治党(政党治理);《治理理论及其中国适用性》[④]一书对公共治理理论的现代性意义及其现实路径作了较为深刻地分

---

① 刘银喜:《政府治理理论的兴起及其中国化》,《内蒙古大学学报(人文社会科学版)》,2004年第4期。

② 何增科:《治理、善治与中国政治发展》,《中共福建省委党校学报》,2002年第3期。

③ 燕继荣:《治民・治政・治党:中国政治发展战略解析》,《北京行政学院学报》,2006年第1期。

④ 王诗宗:《治理理论及其中国适用性》,杭州:浙江大学出版社2009年版。

析。等等。但是，当代中国公共治理理论有效适用研究存在如下情况：其一，有研究者认为，在西方语境下，需要在满足一些基本条件之后，公共治理理论才可以得以有效适用。这些条件包括成熟的市民社会、健全的民主与法治制度等等。基于此，该研究取向认为，公共治理理论根本无法在当代中国有效适用，其与民主政治发展无法形成良性互动。其二，有研究者虽然认为公共治理理论可以在当代中国得以适用，对于公共治理理论的实质与历程及其如何适用于当代中国实践却研究不够精确。这种研究取向强行将当代中国的现实归拢到公共治理理论上，用善治的标准、要素考察当代中国现实，有意或无意地忽视公共治理理论有效适用的要件，尤其是民主政治发展要件。其三，有研究者将研究的焦点集中于基层社会或某一领域的社会治理（如区域发展、环境保护、合作治理）、某一地区。但由于缺少学术规范上的诸多限制与要求，"劣币驱逐良币"现象普遍的存在，特别是在乡村治理与政治发展研究中。谁都可以运用公共治理理论来分析中国现实，哪怕这种分析是建立在既不理解公共治理理论，也不理解中国现实的基础之上。具有价值的个案研究成果多以剖析相对发达地区为主。可见诸俞可平、景跃进、何增科、郁建兴、陈剩勇、郎友兴、王诗宗、金太军等人的相关论著。但企图将特色鲜明的个案推广到全国以实现公共治理，是非常困难的。原因在于，我国各个地区的经济社会发展极不平衡，差异巨大。公共治理理论有效适用各有侧重，特点各异。促进全国范围的公共治理理论有效适用必须依靠政治发展。

总之，近年来，公共治理理论研究取得了可观的研究成果，包含有治理概念与理论研究；公共治理理论在区域发展、环境保护、合作治理中的适用研究等。但是，当代中国，推动公共治理理论有效适用，政治发展议题是无法回避的。而现有研究成果，一方面，缺少对公共治理理论与民主政治发展良性互动的系统研究；另一方面，研究集中于基层社会或某一领域、某一地区，个案研究较多，普遍意义研究较少。个案研究更多是对实践的归纳与总结，缺乏对实践的指导。之所以如此，根源在于对民主政治发展议题深入研究的回避。截止目前，未见到民主政治发展视域下，当代中国公共治理理论有效适用的专门性研究成果。这里试图从理论上，初步探讨民主政治发展视域下公共治理理论有效适用的基本逻辑；从实践上，试图探索推动公共治理理论有效适用与社会主义民主政治发展的带有普遍意义的可行路径。

三、问题应对

当代中国政治语境下，在研究治理与善治的过程中，在"问题意识"的指引下，亟待作出回答的问题主要有：到底公共治理理论在多大程度，在哪些方面，如何适用于中国实际，换句话说，当代中国需要怎样的公共治理理论？公共治理理论作为一个衍生于西方语境下的理论形态，经历了怎样的发展过程？在其发展的过程中，需要满足哪些要件？当代中国，促成公共治理理论有效适用过程中，公民、中间阶层、利益团体、政府、执政党的基本定位是什么？促成公共治理理论有效适用与推动当代中国民主政治发展之间有怎样的关系？更为关键的是，当代中国政治语境下，马克思主义政治观与公共治理理论是怎样的关系？它们是否存在融通、契合之处？如果存在，融通、契合之处在哪里，如何体现？等等。这些问题都迫切需要深入研究。鉴于"这个理论（公共治理理论——引者注）对于马克思、恩格斯的国家消亡理论和无产阶级专政理论具有划时代的创新意义"①，这里认为，立足于当代中国的实际，从理论和实践两个层面作出公共治理理论的马克思主义政治观研究，应该成为当前和未来一个时期当代中国政治语境下公共治理理论有效适用研究的重点。

公共治理理论是缘起于现代西方的一种理论形态。我们在将其移植到中国语境时，难免会水土不符。拿西方的理想标准和模式来衡量当代中国的现实是一种生搬硬套，这显然不是社会科学研究的正确态度。西方世界是在基本满足了诸多要件以后逐步有效适用公共治理理论的。虽然我们无法准确预测对于公共治理理论与实践未来的发展，但是这一理论有效适用的要件是无法否认和回避的。同时，当代中国又极具特色。不以当代中国实践为动力和源泉的公共治理理论研究深度肯定是不够的。因此，在引用衍生于西方的公共治理理论分析中国问题时，必须首先清楚地认识以上这些问题，只有这样，才能渐进开出一条中国特色的有效治理之路。需要特别指出的是，学术界对于公共治理理论及其在当代中国的有效适用已经有了一定的评价。② 这里无意、也无力对马克思主义政治观、公共治理理论作系统的梳理，只是同时在"规范意识"的引导下，从宏观上努力构建当代中国政治语境下公共治理理论有效适用研究的分析框架，以期启发当代中国民主政治发展，推进马克思主义研究的深化。

---

① 薛晓源、李惠斌主编：《中国现实问题研究前沿报告》，上海：华东师范大学出版社2007年版，序言第7页。
② 申剑、白庆华：《治理理论及其评价》，《广西大学学报》（哲学社会科学版），2006年第6期；崔雪莲：《治理概念及其理论适用性分析》，《郑州航空工业管理学院学报》（社会科学版），2007年第4期；孙萍、耿国阶、张晓杰：《中国治理研究：引介、应用、反思与转化——本土化视角的文献回顾》，《南京社会科学》，2008年第3期。

第二节 公共治理理论及其有效适用研究：西方与当代中国

笔者认为，当代中国政治语境下，公共治理理论有效适用研究的宏观框架应该是：从理论与实践交融的角度，深入剖析"公共治理理论及其有效适用"入手，理论上努力揭示马克思主义政治观与公共治理理论之间的融通关联，实践上努力剖析促成公共治理理论有效适用与推动当代中国民主政治发展之间的共进关系，梳理作为促成公共治理理论有效适用的核心要件多元主体的公民、中间阶层、利益团体、政府、执政党在成长与成熟中存在的问题以及解决的对策。① 同时考察在当代中国，公共治理理论有效适用的困境及其规避。具体来看，应该包括大致应该包括以下几个方面：

一、公共治理理论及其有效适用：一个理论与实践交融的综合分析

随着公民社会的发展壮大，公共社会单独或者与政府一起管理社会事务的过程不再是政治，而是治理。传统的统治秩序下，国家处在高高在上的权威位置，其权力的运行路径是自上而下的。国家

---

① 作为"初论"，笔者这里只是略论及当下的突出问题并开出可能的对策。这是引及进一步研究的尝试。

借助政府的政治权威,通过发号施令、制定政策和实施政策,对社会公共事务实行管理。而治理则是一个国家与社会良性互动,共同管理的过程。治理主要是通过协商,确立相互认同的和共同的目标来实施对公共事务的管理。其实质在于建立在市场原则、公共利益和认同基础之上的合作。它所拥有的管理机制主要不是依靠政府的权威,而是合作网络下的社会权威。西方国家社会公共行政经历了从统治型(以权威—依附—服从为权力关系表现形式),到管理型(以契约—协作—纪律为权力关系表现形式),再到治理型(以服务—信任—商谈为权力关系表现形式)的变迁。从统治到治理的过程,是以多元主体逐渐构建、成熟与完善的过程,都是围绕多中心展开的。这是研究公共治理理论最需要关注的。立足于公共治理理论缘起的西方背景,从宏观来看,多元主体的生存是需要社会要件、国家要件、制度要件和思想要件的。

第一,自由与民主:公共治理理论有效适用的社会要件。离开享有自由与民主的社会,公共治理理论无法有效适用。在西方语境下,公共治理理论有效适用是建立在国家与社会正和博弈的基础之上的,是以维护公民的权利与义务为基准的。其关注的焦点是基于社会正义的公共善,而并非是国家的政治权威(政治权威在当代中国需要特别强调)。自由与民主是有效适用公共治理理论的社会要件。这里将自由与民主主要放在社会领域内来考察而非国家领域,主要是基于公共治理理论缘起的历史考量。

第二,认同与成熟:公共治理理论有效适用的国家要件。民族国家是现代化的载体,没有民族国家就不可能有现代化。因为只有在民族国家里,整个社会才能团结一心,才能发挥凝聚力同心协力维护共同的生存疆域。维护国家的存在是谈论治理的之一。现代民族国家的存续需要民众的认同和民族的政治成熟。

第三，法制与法治：公共治理理论有效适用的制度要件。在公共治理理论下，国家与社会能够构建起良性的互动关系是建立在法治的制度化之下的。其实，此处诸方面的确立都是在法制与法治的框架内完成的。法制与法治是对国家和社会两者的保护。只有这一制度化才能为国家与社会博弈搭建一个可以预知的平台。

第四，宽容与妥协：公共治理理论有效适用的思想要件。要促成的公共治理理论有效治理的多元主体，必须确立宽容与妥协的思想。从历史的角度来看，宽容观念确立的过程是人们积极探索处理矛盾冲突方式的过程。最终，在政治领域，妥协成为一种为人们普通接受和认可的冲突解决方式；从词源的角度分析，宽容意味着在原则基础之上的有限度的妥协和退让。宽容观念为政治妥协提供价值支撑。

二、公共治理理论有效适用研究：理论基石及其现实展示

通过理论与实践交融的分析可见，公共治理理论的有效适用需要一定的条件。治理本质上是一个上下互动的管理过程。它主要通过多元、合作、协商、伙伴关系、确立认同和共同的目标等方式实施对公共事务的管理，其实质在于建立在市场原则、公共利益和认同之上的合作。它依赖于多元主体的权威和合作。公共治理理论寻求的是"如何在日益多样化的政府组织形式下保护公共利益"。"这两个概念（治理与善治——引者注）与马克思主义的社会主义国家理论非常接近，

因此，它理应成为当代马克思主义中的一个重要概念。"① 公共治理理论有效适用要件是通过多元主体得以满足和展示的，在以马克思主义政治观为基石的基础之上可见其与公共治理理论融通点在于多元主体，在于"自由人的联合体"。在这里，马克思主义政治观具体化解成"自由人的联合体"生成的过程，成为与公共治理理论融通的关键所在，构成当代中国政治语境下研究公共治理理论的理论基石。这一理论基石在现实展示为无产阶级专政（公共治理理论当代中国观照的基础）与和谐社会构建中的政治发展（公共治理理论有效适用的当代中国政治发展语境）。

第一，从政治解放到人类解放：马克思主义政治观的基本向度。由阶级分析理论支撑起来的政治解放及其必然迈向的人类解放是马克思主义政治观的基本向度。这是马克思主义政治观研究的基本出发点和归宿。同时，这也是我们考察公共治理理论的理论基石。在马克思看来，政治解放就是封建社会的瓦解，资产阶级国家的建立，就是"同人民相异化的国家制度即统治者的权力所依据的旧社会的解体"。② 政治解放在马克思看来是未完成的解放。政治解放摧毁了封建制度对人身的政治控制，使人从等级、公会等特权制度下解放出来，获得了所谓的"人权"。但是人在市民社会中被异化了。马克思提出的"人的解放"就是要超越政治解放，突破政治革命的限度，克服市民社会的内在矛盾，不仅仅使市民时候从政治解放出来，而且要使人从所有的异化关系下解放出来。而"……当代中国政治文明的基本内涵就是在社会主义条件下完成马克思所述说的政治解

---

① 薛晓源、李惠斌主编：《中国现实问题研究前沿报告》，上海：华东师范大学出版社2007年版，序言第7页。

② 《马克思恩格斯全集》（第3卷），北京：人民出版社2002年版，第186页。

放",且"异化仍然是我们现实生活中的'经验事实'"。① 所以,从政治解放到人类解放是考察当代中国的基本向度。

第二,马克思主义政治观的未来取向与渐进展示。马克思主义政治观是超越政治的政治观。国家消亡、政治消失是马克思主义政治观的终极旨归。马克思指出:"代替那存在着阶级和阶级对立的资产阶级旧社会的,将是这样一个联合体,在那里,每个人的自由发展是一切人的自由发展的条件。"② 未来社会是自由人的联合体,而当下社会是走向自由人联合体的过程。马克思主义政治观应该是以自由人的联合体为未来取向。"自由人的联合体"承认个人自由,更认可每个人的自由而全面的发展。虽然马克思在提出以人类解放来取代政治解放主张的同时,也清醒地认识到,人类解放是一种历史活动,受社会历史条件的制约,不是一蹴而就的。但正如《共产党宣言》指出的那样:"共产党人为工人阶级的最近的目的和利益而斗争,但是他们在当前的运动中同时代表运动的未来。"③ 在对资产阶级民主作出二重性分析的基础上,我们必须处理好目标与手段、未来与当下的关系。促成公共治理理论的有效适用过程,一定意义上,就是"自由人的联合体"追逐和展示的过程,是马克思主义政治观渐进展示的过程。

第三,无产阶级专政:公共治理理论当代中国观照的基础。有学者指出,"无产阶级专政"与"自由人的联合体"在马克思的理念中是统一的,前者是通往后者的必要手段。④ 马克思主义专政学说认

---

① 王金福:《正确认识社会主义初级阶段中的异化问题》,《江苏社会科学》,1999年第2期。
② 《马克思恩格斯选集》(第1卷),北京:人民出版社1995年版,第294页。
③ 《马克思恩格斯选集》(第1卷),北京:人民出版社1995年版,第306页。
④ 朱尚同、陈学源、李楚凡:《来自欧洲的马克思》,《书屋》,2008年第7期。

为，无产阶级在夺取政权以后，必须建立无产阶级专政，但无产阶级专政采取什么形式，只能根据各国的历史条件和具体情况而定。不过，"无产阶级专政即无产阶级民主"。而且，在过渡时期，无产阶级民主建设具有长期性、复杂性和艰巨性，特别是在一个民主主义革命任务还尚未全部完成的国家。公共治理理论有效适用的表现形式是，随着市场经济的发展和民主的推行，社会分工越来越精细，大量的社会团体和组织涌现，并进而壮大、成熟，它们自觉地承担起某些公共管理职能，促使国家向社会的回归。

第四，政治发展与政治现代化：公共治理理论有效适用的当代中国政治发展语境。① 对公共治理理论有效适用的当代中国考察不能脱离当代中国政治发展的大背景。马克思主义经典作家认为，政治发展以实现人的全面发展为最终目的。从政治系统发展的形态来看，政治发展特指现代化过程中的政治变迁。它既构成政治现代化的原因，也成为政治现代化的结果。当前中国政治发展是以实现"每个人的自由发展"为未来走向，以政治现代化为当前走向；基本定位是和谐社会构建中的政治发展。分析当代中国政治发展的现状与走向构成研究公共治理理论有效适用的基本步骤。

三、公共治理理论有效适用与当代中国民主政治发展之间互进的关系②

人民民主是社会主义的生命。发展社会主义民主政治是我们党

---

① 魏崇辉：《比较视野下的政治发展——兼论和谐社会构建中的政治发展》，《云南行政学院学报》，2009年第2期。

② 魏崇辉：《民间力量的累积和当代中国政治文明建设》，《内蒙古社会科学》，2007年第4期；魏崇辉：《治理理论有效适用与当代中国民主政治发展》，《学术论坛》，2008年第11期。

始终不渝的奋斗目标。人民当家作主是党的领导和依法治国的落脚点，是社会主义民主政治的本质和核心。当代中国民主政治发展是以政党推动为主，通过政府引导社会的成熟，最终实现党的领导、依法治国与人民当家作主的统一。无论党的领导，还是人民当家作主，都必须坚持法治的原则。这些是在当代中国的语境下，探讨公共治理理论的先在基础。由于公共治理理论的核心是多元主体，要促成公共治理理论在当代中国的有效适用，必须使多元主体发挥其应有的作用。这是一个渐进的过程。这一过程同样是逐步推进社会主义民主政治发展的过程，是党的领导、依法治国与人民当家作主统一的过程。公共治理理论有效适用与民主政治发展是一体两面，相辅相成。

第一，美德与权利：促成公共治理理论有效适用中的公民。① 构建和谐社会的提出说明社会中存在着不和谐。民主政治是和谐社会的组成要件。不和谐之所以存在，从根本上来说，是因为行为主体没有完全独立。应积极引导和支持独立的行为主体的成长，为公共治理理论的有效适用，民主政治发展提供主体要件。

第二，成长与成熟：促成公共治理理论有效适用中的中间阶层。中间阶层起到平衡政治系统，维护政治稳定的作用。中间阶层是推动政治民主的重要力量。实现社会主义政治民主是当代中国政治发展的基本价值取向。应构建一整套制度规则，促使中间阶层逐步成

---

① 无论是村民自治中的"村民"、社区自治中的"社区居民"还是民间组织中的成员，首先都必须是公民，最终都必须结合社会与国家、制度与思想的视域来考察。对中间阶层、利益团体、社会组织结构、政府、执政党的认识同样如此。当代中国政治语境下，治理理论有效适用与民主政治发展是互动的关系，不是孰先孰后的关系。这与西方情况是不同的。参见魏崇辉：《治理理论有效适用与当代中国民主政治发展》，《学术论坛》，2008年第11期。

长壮大，走向成熟。

第三，博弈与均衡：促成公共治理理论有效适用中的利益团体。如果一个社会中，上层与中上层结合起来享有改革成果，而由中下层和底层，特别是底层来承担改革带来的阵痛，这样的改革无疑是不成功的。应扶持各个阶层的代表性利益团体，使每个阶层都有表达和主张权利的可能性，都有实现权利的现实性。

第四，缺失与构建：促成公共治理理论有效适用中的良性社会组织结构。不论是公民、中间阶层，还是维护均衡的利益团体的成长，都需要一个良性的社会组织结构。良性的社会组织结构必将有利于民主政治发展的稳健推进。

第五，服务与信任：促成公共治理理论有效适用中的政府。公共治理理论的有效适用中存在着政府职能的缺位、错位与越位。政府必须转变观念，树立服务意识。政府与社会之间的相互信任是有效适用公共治理理论的重要组成部分和核心。

第六，整合与代表：促成公共治理理论有效适用中的执政党。必须切实改革和完善党的领导。这是当代中国民主政治发展的关键环节。政治整合的能力决定了党力量的强弱。只有充分整合和代表各种利益诉求，才能从根本上巩固党的执政地位。

四、当代中国公共治理理论有效适用的困境及其规避

公共治理理论为公共管理描绘了宏伟的蓝图，但这种理论本身却面临着诸多困境。同时，在当代中国政治语境下，有效适用公共治理理论更有本土困境。

第一，困境。有学者指出，公共治理理论并不能传达给我们比

新公共行政、新公共管理等更多的内容，有"新瓶装旧酒"之嫌。①这种理论及其适用中的困境具体表现在：治理概念所涵盖的范围的广泛性、模糊性和不确定性。例如，作为最小国家的管理活动的治理；作为公司管理的治理；作为新公共管理的治理；作为善治的治理；作为社会——控制体系的治理；作为自组织网络的治理等。多元主体责任的模糊性。例如，治理主体间的责任界限存在一定的模糊性。国家把原先由它独立承担的责任转移给私营部门和第三部门的同时，没有将相应的权力等量移交。同时，在当代中国有效适用公共治理理论还存在一个关键性的问题，即把治理作为一种价值理性，首先概括治理特别是善治的含义及其所包含的主要标准，然后以此来衡量、裁剪当代中国现实，最后指出中国在通往善治之路上还有哪些亟待完善的地方。这种理论预设的存在，转移了人们对整个治理过程的关注，忽略了治理的技术操作层面。比如，如何从操作层面确保当公共治理理论适用过程中发生冲突和摩擦时，确保以妥协、互利的方式来解决？

第三，规避。"治理为我们提供了一些新的分析词汇，也让我们质疑一些新问题，并揭示出一些新的可供观察的政策现象。但我们仍然没有得到一种区别于其组成部分之总和的新范式。如果把治理的要点放在使国家、市民社会、市场、网络这些不同工具和机制的互相协作之上治理就会成为一个有创造性的和深刻的分析方法。""目前的治理并不是一套规范的理论，如果将其用来理解统治过程变

---

① 李春成：《治理：社会自主治理还是政府治理？》，《探索与争鸣》，2003 年第 3 期；郁建兴、吕明再：《治理：国家与市民社会关系理论的再出发》，《求是学刊》，2003 年第 7 期。

化的'组织框架'会更有价值。"① 可以看出，运用公共治理理论来分析"统治过程变化的'组织框架'"价值更高，这与这里着眼点是相吻合的。在普遍意义上，有针对性地解决困境的同时，必须充分重视和注意当代中国的实际。比如，政党在公共治理理论有效适用中的地位、作用、责任与使命。

第三节 努力构建科学化与本土化统一的公共治理理论

公共治理理论成为学术界研究的热点以来被运用于诸多领域。这一理论本身发展的过程不是很长，引入我国的时间更短。衍生于西方语境中的这一理论是在整个社会满足了一定条件之后的产物，直接援引到当代中国。出现无法有效适用的情况，也不难理解。公共治理理论是西方公共行政经历了数个发展阶段之后的产物，其有效适用的诸多要件基本都已经具备，在这些要件中成长与成熟的多元主体承担起促成公共治理理论有效适用的责任与使命，这是当代中国所欠缺的。更何况，公共治理理论本身也存在诸多困境，理论上的不成熟以及由此引致的现实失范和失效还普遍存在。

本土化是科学化的基本要求。对西方先进理论的学习与衍用是必须的，对公共治理理论的引入即是如此，但是，正如有学者指出

---

① 王诗宗：《治理理论的内在矛盾及其出路》，《哲学研究》，2008年第2期。

的那样，中国政治学界应该大胆向前再跨一大步：本土化。我们的强项在于对中国的了解程度超过西方学者。① 当代中国政治语境下探讨公共治理理论，必须坚持与马克思主义政治观、与当代中国民主政治发展相结合，必须积极促成公共治理理论有效适用的一些要件。努力构建科学化与本土化统一的公共治理理论是当代中国政治语境下公共治理理论有效适用研究的重要课题之一。

---

① 王绍光：《祛魅与超越：反思民主、自由、平等、公民社会》，北京：中信出版社2009年版。

第二章 比较视野下的政治发展与和谐社会构建中公共治理理论有效适用

◆ 第一节 公共治理理论有效适用与当代中国民主政治发展

◆ 第二节 权威成熟：贯穿公共治理理论有效适用与改革发展的基本范畴

◆ 第三节 要义与理解：西方公共治理理论的当代中国有效适用

当代中国，马克思主义政治观与公共治理理论的融通点在于推进民主政治发展。马克思主义经典作家认为，政治发展以实现人的全面发展为最终目的。从人类社会发展的全过程来看，政治发展一个导向自身消亡的过程。从政治系统发展的形态来看，政治发展特指现代化过程中的政治变迁。它既构成政治现代化的原因，也成为政治现代化的结果。执政党在政治系统由政治发展向政治现代化变迁中发挥重要作用。立足于当前的我国，政治发展应该是以实现"每个人的自由发展"为未来走向，以政治现代化为当前走向；基本定位是我国和谐社会构建中的政治发展。立足于政治发展与政治现代化、普遍与特殊的比较，可以对和谐社会构建中政治发展有所启示。

第一节　公共治理理论有效适用
与当代中国民主政治发展

公共治理理论成为学术界研究的热点是从 1989 年世界银行讨论非洲发展时首次使用"治理危机（crisis in governance）"开始的。在理论和实践中，这一理论被运用于诸多领域内。近年来，有学者运用这一理论来研究中国问题。但是，到底公共治理理论在多大程度适用于当代中国实际，在哪些方面适用于中国实际，仍然有待进一步探讨。这里试图通过对公共治理理论视野下国家与社会关系的剖析，来研究促成适用公共治理理论的现实语境及国家与社会之间达到正和博弈关系的要件。需要说明的是，公共治理理论的适用首先需要满足的前提是政治领域的。这里的分析也主要立足于政治视域的。

一、公共治理理论：内涵与缘起

依据俞可平的概括，随着公民社会组织的发展壮大，这些公共社会组织单独或者与政府一起管理社会事务的过程不再是政治，而是治理。在传统的统治秩序下，国家处在高高在上的权威位置，其权力的运行路径是自上而下的。国家借助政府的政治权威，通过发号施令、制定政策和实施政策，对社会公共事务实行管理。而治理则是一个国家与社会良性互动，共同管理的过程。治理主要是通过协商，确立相互认同的和共同的目标来实施对公共事务的管理。其实质在于建立在市场原则、公共利益和认同基础之上的合作。它所拥有的管理机制主要不是依靠政府的权威，而是合作网络下的社会权威。①

　　以国家与社会之间关系的亲疏为划分的依据，可以将公共管理的发展历程分为三个阶段：第一阶段是早期萌芽和成长阶段，从公共管理产生之初起一直到19世纪中叶。这一时期又可以细分为两个时期：（1）专制王权时期，国家吞噬了整个社会，社会自治能力根本无法展现；（2）近代资本主义国家建立以后，由于人民的权利意识增强，国家与社会坚守各自行为领域。第二阶段是公共行政阶段，从19世纪中叶到20世纪80年代。这一阶段中国家对社会的管理无论是内容还是范围都急剧扩大。国家主要借助行政手段管理社会公共事务。第三阶段是公共治理理论盛行阶段，从20世纪80年代开始至今。在这一阶段，社会发展的复杂性提高，政府管理体制僵化，仅仅依靠其管理公共事务暴露出诸多弊端，因此，西方发达国家掀起大规模的政府改革浪潮。公共管理的主体多元化，管理手段多样化。现代企业管理中的许多管理方法被引入公共管理之中。从事实性知识的角度审视公共治理理论会发现，这一理论兴起的直接原因是公共权力结构和政府管理的破碎、僵化并出现危机。集中体现在三个论点上："其一是面对越来越复杂的社会，国家已经丧失应有的行为能力，也难于预测自己的行为后果，甚至难于避免产生有害的决策；并受落后的思想束缚，不时颁布不适宜的或无必要的合法性迫使各种群体接受。其二是社会结构急剧变化，地位危机、社会一致性分裂和文化分裂，公众对公共权力的效能和未来越来越不抱幻

---

① 俞可平主编：《治理与善治》，北京：社会科学文献出版社2000年版，第1—15页。

想,公众的心灵世界碎片化,行为边缘化日趋严重。其三是作为社会一致性中枢的公共行政体系能力衰减,并进一步成为公众的负担,中央集权、分等论级的控制不再有效;科层系统陷入了官僚主义的怪圈,公共政策无力承受大量社会需求,无法对太多和太矛盾的公共问题做出裁决,超优政策真正的仲裁者是国际市场。对于这一总体性的危机,治理话语走向了积极的知识重建:在文化上返古希腊之本,在政治上重开自由主义之源,在实践出路上择定新制度经济学,在技术上亲和于管理主义,从而推出具有建设意义的政治学理论和分析方法。"① 从以上的分析中可以看出,公共治理理论的兴起是国家应对日益复杂的社会时不得不做出的适应性调整,这一理论仍然没有脱离西方近代以来形成的民主模式。在中国语境内研究公共治理理论时一定要考虑到中国的实际情况,必须努力促成其有效适用。公共治理理论要得到有效适用的基本要件是多中心。多中心是指多个权力中心和组织体制治理公共事务,提供公共服务。它们在形式上是相互独立的,之间通过合作、协商、谈判而不是简单的行政命令来解决公共问题。那么,促成公共治理理论的有效适用在当代中国的展示形态是什么呢?未来应该是怎样的发展路径?

二、促成公共治理理论有效适用与推进当代中国民主政治发展

人民民主是社会主义的生命。发展社会主义民主政治是我们党始终不渝的奋斗目标。人民当家作主是党的领导和依法治国的落脚点,是当代中国民主政治发展的本质要求。当代中国民主政治发展是以政

---

① 孔繁斌:《走向公共管理的治理理论》,《南京社会科学》,2001年第9期。

党推动为主，通过政府引导社会的成熟，最终实现党的领导、依法治国与人民当家作主的统一。无论党的领导，还是人民当家作主，都必须坚持法治的原则。① 这些是我们在当代中国的语境下，探讨公共治理理论的先在基础。由于公共治理理论的核心是多中心，比如，公民、中间阶层、利益团体、执政党、政府等。要促成公共治理理论在当代中国的有效适用，必须使这些多中心发挥其应有的作用。这是一个渐进的过程，而非一蹴而就的。这一过程同样是逐步推进当代中国民主政治发展的过程，是党的领导、依法治国与人民当家作主统一的过程。公共治理理论有效适用的促成当代中国民主政治发展的推进是一体两面、相辅相成的。

第一，美德与权利：促成公共治理理论有效适用中的公民。人类的道德心灵导源出对美好的制度的追求。公民美德对民主政治发展具有重要作用。西方自由主义将美德问题交由个人自由选择处理，罗尔斯称自由主义为"政治自由主义"就是最好的表示。自由主义给人的印象是放弃了对整体性道德和宗教价值的追求。

党的十六大提出构建和谐社会说明我国社会生活中存在着不和谐的地方和因素。民主政治发展是和谐社会的组成要件之一。我们认为，这些不和谐之处之所以存在，从根本上来说，就是因为一些行为主体没有完全独立。其中的原因是多方面的。主要有社会缺乏相应的保证行为主体独立性的制度安排等等。和谐社会应该是以宽容的态度看待冲突，以妥协的方式解决冲突的社会，而不是一种完全没有冲突的社会。只有在冲突基础上的和谐，才是一种正常的和

---

① 《胡锦涛在中国共产党第十七次全国代表大会上的报告》，《新华网》，2007年10月24日。

谐形态。所以，应积极引导和支持独立的行为主体的成长，为构建和谐社会，民主政治发展，公共治理理论有效适用提供主体要件。法国大革命时期的《人权宣言》曾经指出："一切政治结合的目的都在于保护人的天赋的和不可侵犯的权利；这些权利是自由、财产、安全以及反抗压迫。"公共权力存在的基本目的应该是保障和维护公民的基本权利。保障公民的政治权利，通过选举权来选择公共政治权力的行使者；通过监督权等形式来监督公共政治权力的行使等，从而使政治权力良性运作。处于转型时期的政治权力要以确认和保障公民的政治主体地位为目标，建立和健全的相关政治运行机制，如政治利益的表达机制、政治信息的传递机制、政治决策的参与机制、政治权利的实现与保护机制、政治利益整合机制等等，确保人民群众的政治权利以及经济、社会和文化权利的实现，保障人权的充分实现。

第二，成长与成熟：促成公共治理理论有效适用中的中间阶层。政治稳定是当代中国民主政治发展的必要保证和重要内容。没有稳定，民主政治发展就成了一句空话。那么，怎样才能获得政治稳定呢？政治稳定的获取要由哪个阶层来完成才最为可靠呢？亚里士多德认为，只有以中产阶级为基础才能组成最好的政体："中产阶级（小康之家）比任何其他阶级都较为稳定。他们既不像穷人那样希图别人的财物，他们的资产也不像富人那样多得足以引起穷人觊觎，既不对别人抱有任何阴谋，也不会自相残杀。他们过着无所忧惧的平安生活。"[①] 这从一个侧面反映出中间阶层的崛起可以起到平衡政治系统、维护政治稳定的作用。中间阶层处于社会整体结构的中间

---

① [古希腊]亚里士多德：《政治学》，北京：商务印书馆2006年版，第206页。

地带，可以充当高层和底层的缓冲；同时，由于其文化素质较高，处理问题较为理性、温和；其消费能力较强，可以引导经济良性发展等都有利于政治稳定。正因为具有这些特点，中间阶层也是推动政治民主的重要力量。实现社会主义政治民主是当代我国民主政治发展的基本价值取向。而民主政治发展所形成的一整套制度规则会为中间阶层的行动设定一个成型的框架，使他们逐步成长壮大，走向成熟。

民主政治发展是普遍性与特殊性的统一。虽然中西民主政治发展有根本不同，但仍然有可以借鉴和学习之处。比如，无论是中国的还是西方的民主政治发展不能离开市场经济。社会主义市场经济是当代中国民主政治发展的基础。没有市场经济，就没有民主政治发展。从西方资本主义发达国家民主政治发展的经历来看，随着市场经济的发展，以中间阶层为主力的民间力量兴起。"在此条件下，国家为适应市场经济发展的需要，不断调整管理社会的方式，自身的能力得到提高。另一方面，公民社会的成长、壮大，最终导致公民参与国家事务的管理，即实现政治的民主化"，"但是，二战后不少发展中国家的经验表明，市场经济或者仅依靠市场的力量并不能自动导致公民社会的壮大"，"韩国一开始就坚定地走上通过市场力量发展经济、最后走向政治民主化的道路"。[①] 虽然社会制度根本不同，但是我们可以从韩国民主政治发展的例子看出，经济市场化进程中，国家对于培育中间阶层的成长与成熟可以发挥关键性作用。韩国政府将推动经济市场化的重任交由民间力量去完成，最终促成

---

① 卢正涛：《社会变革、市场经济与公民社会——发展中国家政治发展初始、基础条件比较》，《武汉大学学报（社科版）》，2003年第4期。

中间阶层的成长。中间阶层本身具有强烈的参政意识，由于其内部构成特点，决定了政治参与方式主要以个体的、体制内参与为主。①必须保证全体公民进入中间阶层的权利和机会，确保中间阶层的流动性，为社会主义民主政治发展提供可靠的社会基础。

第三，博弈与均衡：促成公共治理理论有效适用中的利益团体。上文已经指出，中间阶层的成长与成熟对于民主政治发展有重要意义。但仅仅依靠这一点是决然不行的。因为中间阶层组成的社会精英有可能会在主导政治发展的同时攫取由此带来的全部成果。这一点从资本主义发展中国家政治发展可见一斑。在这些国家中，精英主导型的政治发展是主流。但其中又分为不同类别。主要有"……精英主导发展，发展结果为精英享有，可以称为精英取向的政治发展道路"和"……精英主持发展，大众分享了发展的成果，可谓之为大众取向政治发展道路"。②前一种取向的政治发展只能带来普通大众的利益受损，进而最终影响到社会稳定。在当代中国，20世纪80年代兴起的精英主义到90年代演化为自由主义，但是其对平民利益和社会公正的漠视激起了许多人的不满。因为自由主义"以经济活动不得干涉的名义，捍卫并造成的那些介入、掌握和控制着经济活动的最大利益集团和政治力量的不得干涉的事实——更多地站在当时社会最强大的势力一边，而不是站在社会公意和人民民主一边"③。"凡照顾到公共

---

① 秦言：《中国中产阶级——未来社会结构的主流》，北京：中国计划出版社1999年版，第138页。
② 卢正涛：《社会变革、市场经济与公民社会——发展中国家政治发展初始、基础条件比较》，《武汉大学学报（社科版）》，2003年第4期。
③ 刘建军：《当代中国政治思潮的兴起与变迁》，《华东师范大学学报（哲社版）》，2003年第3期。

利益的各种政体就都是正当或正宗的政体；而那些只照顾到统治者们的利益的政体就都是错误的政体或正宗政体的变态（偏离）。"① 因此，需要培育和扶植各种利益团体的成长。

由于缺乏各种利益团体，尤其是民间团体的监督和制衡，苏联和东欧的共产党逐渐蜕变为一个独享特权的既得利益集团，最终为人民所抛弃。较为理想的社会状态是通过各种利益团体之间博弈，最终达到某种利益上的妥协与均衡。有学者指出，当代中国现代化建设中，"对于上层来说，我们要警惕和制止垄断各种社会资源的寡头的出现。对于底层来说，我们要通过提供社会保障、加大扶贫工作力度等措施，增加底部弧形的曲率。而更值得注意的是中上层与中下层之间的相对距离"②。如果上层与中上层结合起来享有改革成果，而由中下层和底层，特别是底层来承担改革带来的阵痛，无疑这样的改革是不成功的。必须着力构建各个利益团体健康成长的良性社会组织结构。

第四，缺失与构建：促成公共治理理论有效适用中的良性社会组织结构。不论是中间阶层的成长，还是维护利益均衡其他社会团体的结合，都需要一个良性的社会组织结构。"在这个结构里，公民能够自由、合法、安全地结成各种团体，并借助各种团体来表达、维护或实现他们的利益。"③ "在一个现代化社会中政治共同体的建立包括公共群体'横向'的整合和社会及经济阶层的'纵向'同化"。④

---

① ［古希腊］亚里士多德：《政治学》，北京：商务印书馆2006年版，第132页。
② 夏禹龙：《中国社会阶层结构变迁的展望和导向》，《上海交通大学学报（哲社版）》，2003年第1期。
③ 吴玉章：《社团与法律》，《环球法律评论》，2002年第2期。
④ ［美］亨廷顿：《变革社会中的政治秩序》，李盛平、杨玉生等译，北京：华夏出版社1988年版，第286页。

而且,"特定社会的发展状况和类型与民间组织的发展是联系在一起的,透过对特定社会中这类组织的研究可以发现此一社会的重要特征和发展趋势"①。良性社会组织结构框定了民间力量与国家之间互动的界线,为公民个体权利意识的成熟奠定了基础成熟的权利意识是主体对自我权利的意识和他人权利的意识的统一。单向度地自我为中心是一种畸形的权利意识,最终必将损害他人权利,破坏利益的均衡。而"市民社会的核心机制是由非国家和非经济组织在自愿基础上组成的"②。这种"自愿"凸现了主体对他人权利的尊重。而这些组织的运转和维系必然要求其中的行为主体积极促成权利意识与责任意识、与义务意识的统一。

不仅如此,良性社会组织结构更为公民个体权利得到国家尊重和维护提供了法律保障。因为这些非国家组织可以"通过两个相互依赖而且同时发生的过程,来维系并重新界定市民社会与国家的界限:一个过程是社会平等与自由的扩展,另一个是国家的重建与民主化"③。良性社会组织结构可以起到培育具有成熟权利意识的公民。他们理性地参与政治生活,注重维护自身权利意识与尊重他人权利意识,与承担社会责任意识的统一。最终必将有利于民主政治发展的顺利推进。

第五,整合与代表:促成公共治理理论有效适用中的执政党。党的领导是人民当家作主和依法治国的根本保证,是当代中国民主

---

① 张小劲:《非政府组织研究:一个正在兴起的热门课题》,《中共宁波市委党校学报》,2002年第6期。

② [德]哈贝马斯:《公共领域的结构转型》,曹卫东、王晓钰、刘北城、宋伟杰译,上海:学林出版社1990年版。

③ 郁建兴、吴宇:《中国民间组织的兴起与国家——社会关系理论的转型》,《人文杂志》,2003年第4期。

政治发展的基本内容。共产党执政的本质要求和全部目的就是要领导和支持人民当家作主，最广泛地动员和组织人民群众依法管理国家和社会事务，管理经济和文化事业，维护和实现人民群众的根本利益。政治整合是现代政党的基本功能之一。政治整合的能力决定了党力量的强弱。政党的整合功能主要是立足于利益多元化的社会环境，借助于体制内外的各种组织和团体，将不同群体聚拢到共同利益上来，一起为实现这种共同利益而努力。要做到这一点，首先要"建立一个能够将新集团纳入政治的有效的政党制度"。"强大的政党需要高水平的政治制度化和高水平的群众支持。"① 计划经济体制下政治行政隶属关系建立起来的社会组织体系正在逐步走向解体，取而代之的是建立在市场经济体制基础之上的平等的社会组织系统。民间力量正在蓬勃兴起，它们的非国家形态非常明显，拥有法律所赋予的自治权。如何对其进行成功地整合，使之能够团结在执政党所制定的共同目标下，是当代中国民主政治发展中坚持党的领导的重大课题。这种政党制度必须建立在民主的基础之上。目前，执政党积极将民间力量的代表——民间组织吸纳到公共政策的制定与执行中去。比如，以理论创新为先导，允许私营企业主入党；吸纳民间组织的领导者进入体制内政治机构，如人大、政协以及一些半官方组织：工商联、妇联、工会、计生协会、老年协会等。作到以上几点的前提是执政党内部成功实现整合。相对于外部而言，政党整合内部是先在性的。执政党内部的整合主要依靠的是党内民主。

科学发展观的本质和核心是坚持以人为本。只有按照这一要求，

---

① [美]亨廷顿：《变革社会中的政治秩序》，李盛平、杨玉生等译，北京：华夏出版社1988年版，第390页。

整合各种利益需求,才能从根本上巩固党的执政地位。"在整个改革开放和现代化建设的过程中,都要努力使工人、农民和知识分子和其他群众共同享受到经济社会发展的成功。改革越深化,越要正确认识和处理各种利益关系,把个人利益与整体利益、局部利益与整体利益、当前利益与长远利益正确地统一和结合起来,把最广大人民群众的切身利益实现好、维护好、发展好,把他们的积极性引导到、保护好、发挥好。只有这样,我们的改革和建设才能始终获得最广泛最可靠的群众基础和力量源泉。"① 要做到这样,必须切实改革和完善党的领导方式和执政方式。这是当代中国政治文明建设的关键环节。共产党执政就是领导和支持人民掌握国家的权力,实行民主选举、民主决策、民主管理和民主监督,保证人民依法享有广泛的权利和自由,尊重和保障人权。现阶段要推动我国政治文明建设,"……要实现坚持党的领导、人民当家作主和依法治国有机统一的战略构想,就需要把党的建设和政治体制改革有机统一,特别是要发展党内民主,改革和完善党的领导方式和执政方式","通过发展党内民主积极推动人民民主","关键要按照党总揽全局、协调各方的原则,规范党委与人大、政府、政协以及人民团体的关系……"② 党内民主及其推动下的通过人大、政府、政协、人民团体实现的人民民主是当代中国政治参与和政治民主化体制内瘖方式。这种体制内参与必然推动政治民主化进程,推动当代中国民主政治发展。

---

① 江泽民:《在纪念党的十一届三中全会召开二十周年大会上的讲话》,北京:人民出版社 1998 年版,第 20 页。

② 胡伟:《关于政治文明建设若干问题的思考》,《上海交通大学学报(哲社版)》,2003 年第 2 期。

第六，信任与服务：促成公共治理理论有效适用中的政府。公共治理理论有效适用是建立在合作、协商、谈判之上的。而合作、协商、谈判需要行为主体之间的相互信任。信任是政府与社会秩序的主要原则基础，是民主的前提条件。"在现代民族国家的政治框架中，公民对政府的合法性认同及其引起的信任投入，主要基于三个来源：一是对产生公共管理的国家主权的信念，二是对政府公共管理效能的信任，三是对政府所提供的公共服务的预期。"[1] 公众对政府的信任建立在公众对政府所能提供公共服务以及公共管理效能的预期。以服务为取向的政府是公共治理理论有效适用的重要行为主体。

必须规范和制约政府行为，确立公众信任政府的实践和道德基础。这样做一是要达到的目的是给人们以行为的理性预期，而不是使人们无所适从。计划经济体制下，政府配置各类资源，政府行政部门对经济社会活动，包括人们的日常生活起居实行全面、直接的指令性管理。政府承担了太多的社会功能和责任，也使政府的公共管理职能范围无限扩大，对社会、市场实行直接的、简单的、单一的、广泛的、强制的干预。整个社会成为公共行政计划的附属品。这种情况下，政府管了不该管的事情，而该管的事情要么没有管好，要么根本不去管。而且权力寻租、腐败行为丛生。这都使得公众对政府公共管理的信任下降，甚至在一定范围内丧失。比如很多情况下，产生经济纠纷时，受害者首先不是去寻求司法救济，而是诉诸其他方式（虽然无法否认这些救济方式一定范围内的有效性，但是可以明确的是这些救济方式适用性、预期性等是有限的），甚至包括一些非法途径。同时，实践已经证明，西方国家政府信任度下降的

---

[1] 周毅之：《全球化进程与公民对政府的信任投入》，《江海学刊》，2001年第1期。

重要原因是政府官员的"行为不当"（不仅仅是腐败）。因此，要从道德层面作出努力。积极推动道德制度化，树立公务人员良好的道德形象以引导社会风气的向善发展。

不同历史境遇下，国家与社会之间的关系有不同的展现。近代资产阶级革命时期，在王权领导下形成的民族国家已经阻碍了资产阶级迫切地要求建立资产阶级民主政治的需要。克服专制王权成为近代现代化的第一步。在确立了人民主权原则以后，资产阶级政府的一切活动均置于制定法之下。自由资本主义时期的国家活动范围就被限制得比较狭窄。比如仅仅是提供公共产品、维护社会基本秩序、增进公共福利等等。但是，随着资本主义从自由阶段发展到垄断时期，日益尖锐的矛盾和各种复杂的利益冲突对国家提出了各种要求，促使政府权力的大幅度扩张。国家与社会的关系处于此消彼长的博弈状态。但是两者之间关系的强弱基本是从当时所处历史环境出发的自发调节，最终达到大致的均衡。而且，一旦一方过于强大时，另一方自动会采取积极主动的方式与之竞争，以求达到再次的均衡。在国家与社会力量博弈的过程中，成熟的社会（公民、中间阶层、利益团体、良性社会组织结构）和国家（执政党、政府）确立，最终两者达到良性互动状态。只有这样，才能真正确立治理的多中心，才能真正推动公共治理理论的有效适用。

对于当代中国而言，国家与社会之间的关系经历了数十年全社会过度依赖政府的时期。国家过多地侵占了原本属于社会、属于个人的生存空间，窒息了整个社会的发展。对于当代中国所处历史时期而言，要促进公共治理理论的有效适用，必须积极促成其有效适用多中心要件，积极构建国家与社会之间良性互动关系。但是，我们必须指出，虽然"改革导致了社会权力的重新分配，尽管社会领域获得社会权力仍然有限,但政治领域'一统天下'的局面毕竟被打破了。然而,社会领域的自治进程与经济领域的市场化进程却不可同日而语,时至今日,社会领域基本上仍处于政府的全面控制之下,社会领域的改革还处于'初级阶段'"①。而且,中国市民社会发展仍然面临三大阻力:传统专制主义、社会自主领域畸形化和国家政权的"软化";国家本位主义。在这些阻力未消除的情况下,建构市民社会的前景不容乐观。② 所以,公共治理理论有效适用与当代中国民主政治发展是一个渐进的过程。在引用衍生于西方的公共治理理论分析中国问题时,必须首先清楚地认识这些前提和基础,逐步推进以上促成公共治理理论有效适用要件的满足。只有这样,才能渐进开出一条中国特色的有效治理之路。

第二节 权威成熟:贯穿公共治理理论有效适用与改革发展的基本范畴

就像市场经济制度建立在交换关系的基础之上一样,政治以权威关系为基础。政治需要权威(林德布洛姆,1994)。社会转型期,

---

① 萧功秦:《市民社会与中国现代化的三重障碍》,《中国社会科学季刊》,1993 年第 5 期。
② 康晓光:《权力的转移——转型时期中国权力格局的变迁》,杭州:浙江人民出版社 1999 年版,第 82 页。

一个稳固的政党权威①是必不可少的。这种政党权威的确立和巩固需要其政治整合功能的双重发挥。

一、政治整合、政党权威与政治成熟：涵义与意义

社会转型是指社会从传统型向现代型的转换，或者说由传统性社会向现代性社会转型的过程。②就政治领域而言，社会转型在带来政治秩序的发展和重构的同时，也引发了一些问题。社会转型过程中，传统权威不断消解，新的权威逐渐确立。此时，容易出现权威的真空。比如出现"上有政策，下有对策"、地方保护主义、公共权力异化、以权谋私等等现象。但"没有权威，就没有政治，没有信念伦理，就没有权威"③。社会转型的过程实际上就是一个传统权威逐渐消失、新的法理型权威逐渐形成的过程。在这一新的政治秩序初始构建，旧的政治秩序逐渐隐退的历史时期，需要一种强有力的群体承担起权威主体的责任。在近现代政治发展史上，政党成为公共权威最为主要的承担者。虽然卡里斯玛性的领袖可以暂时性地承担起填补权威和权力真空状态的作用，而可以长久地承担起这一任务的应该是作为政治组织的政党。在后现代国家中，更应该是这样的。

只是西方政党与中国共产党在社会经济政治生活中扮演的角

---

① 魏崇辉：《政党权威：基本走向及其现实构建》，《内蒙古社会科学》，2006年第1期。

② 郑杭生：《当代中国社会结构和社会关系研究》，北京：首都师范大学出版社1997年版，第19页。

③ 刘小枫：《现代人及其敌人》，北京：华夏出版社2005年版，第131页。

色是不同的。西方政治生活中，政党发挥的是公民与政府之间的纽带作用。中国共产党不仅仅是发挥一种纽带作用，民众则将她期许为"领导核心"。在中国，中国共产党是中国社会主义建设事业和中国现代化发展的领导力量。准确地说，中国共产党发挥的是一种整合的作用和功能。在西方现代化社会中，社会各个系统基本已经达到均衡的状态，对政党的要求不高。甚至"在很多美国人看来，政党并没有太大的意义。美国的两大政党总是叫人觉得有点相似，彼此在基本价值观、意识形态以及政纲上有大量雷同之处，大选通常是依靠政党候选人的个人人格魅力而不是政党的公众亲和力。美国的许多政治学家担心，政党变得如此虚弱，难以发挥它必要的保持政党体系正确运转的政治功能"[①]。但对于后现代化的国家来说，就不一样了。后现代化国家在社会转型过程中，利益很不均衡，甚至会出现严重分化，乃至引发社会动荡。此时，政党的作用就被提升到一个高度。政党必须能够整合各种利益需求。就当代中国而言，"经济改革后的中国有如俾斯麦新政后的德国，在国际政治格局中已经日渐强盛，由于国内经济秩序因转型出现诸多社会不公正现象，经济学家们为自由经济抑或经济民主和社会公正吵翻了天，于是有韦伯式的声音说：中国学人还没有'政治成熟'，不懂得中国已经成为经济民族，如今的问题端在于如何成为政治成熟的民族"。"韦伯所谓的'政治成熟'——对德国的国家利益的明确意识，是其生存性政治理解的结果；要求从民族国家之间的竞争、冲突这一生存视野来考

---

① [美]迈克尔·罗斯金等：《政治科学》，林震等译，北京：华夏出版社2001年版。

虑经济问题，与其说出于国家利益的考虑，不如说基于人类生存本身的政治性质。"① 政治成熟，首先是要对国家和民族有基本的认同。在当代中国，这种认同应以执政党权威为基本媒介。政党必须承担这一责任，担负起这一使命。执政党这种作用的发挥，要依靠整合来实现。整合（integrate）是指"由部分结合而生成具有特定功能的有机整体的过程与状态"②。政治整合（Political integration，又译"政治一体化"）"意指若干政治单位结合成一个整体"。在西方，这一概念指称"几个独立国家的结合"，即它们之间的"自愿结盟"③。整合有社会整合和政治整合等形式。社会整合是指执政党为了实施本党的政治纲领或达到一定的政治目标，通过一定的方式将社会分散的、多元的、异质的要素纳入一定既定的结构性框架之内。在这里，社会是作为执政党的对象而存在。执政党的政治整合，包含了比社会整合更丰富的内容，即执政党除了要对异质的社会进行整合之外，还要对自身进行整合，即执政党为了提高对社会的整合效度，从成员角色、组织结构、文化价值等方面进行调整和变革。执政党并不是仅仅为了自身的整合而整合，其最终的指向是通过开挖更多的政治资源，为实现其政治纲领和增进民众的福祉。④ 整合可以从内外两个层面，使政党权威巩固和发展。在这一过程中，政党承担了整合利益需

---

① 刘小枫：《现代人及其敌人》，北京：华夏出版社 2005 年版，第 106—107 页、第 122 页。
② 李习彬、李亚：《政府管理创新与系统思维》，北京：北京大学出版社 2002 年版，第 78—79 页。
③ ［英］戴维·米勒、韦农·波格丹诺编：《布莱克维尔政治学百科全书》，北京：中国政法大学出版社 1992 年版，第 559 页。
④ 王邦佐、罗峰：《从一元转向多元——关于中国执政党政治整合方式的对话》，《探索与争鸣》，2003 年第 7 期。

求,推进政治成熟的作用和使命。

二、政治整合功能的双重分析:立足与前瞻的交融

实现政治整合是现代政党的基本功能之一。特别是政治整合的能力决定了政党力量的强弱。政党的政治整合能力主要是立足于利益多元化的社会环境,借助于体制内外的各种组织和团体,将不同群体聚拢到共同利益上来,一起为实现这种共同利益而努力。政党权威的确立和巩固需要从其整合功能的双重性上来看。从政党内部来看,有效整合有利于加强党内团结,有利于确立和巩固政党权威;从政党外部来看,有效整合有利于加强民众对政党的认同,有利于确立和巩固政党权威;在这过程中,必须统合政党认同与国家认同、民族认同,促进政治成熟。必须立足本国实际,积极从内外两个层面推动政治整合,同时在这一过程中,又要带有前瞻地推动和促进政治成熟。

第一,从政党内部来看,有效整合有利于加强党内团结,有利于确立和巩固政党权威。党只有先整合自身,才能有效地整合社会。整合是建立在一定程度共识之上的。共识的形成必须借助于民主的发展。通过党内民主的发展,使得服从建立在对党组织的认同,对党的理想信念的信仰、对党的发展规划的认可的基础之上。必须积极发展党内民主,促进政治体系制度化。这是社会转型期执政党维护其合法性、树立权威的根本途径。政党权威的合理化形态应该是以法理型权威来展现的。落实和保障党员、党代会代表、党委委员和党的下级组织的民主权利,如选举权、被选举权、表决权、监督权、谈论权、知情权等。当代中国政党权

威必须首先在党内得以实现，然后通过制度化途径在党外实现。从这一角度来说，党内民主的充分发展对于政党权威在整个社会的巩固和发展是先决条件。当然，民主集中制作为党和国家的组织原则是不能动摇的，是民主基础上的集中和集中指导下的民主相得益彰。林尚立指出，党内民主的制度体系包括党代会制度、党委制度、选举制度和监督制度。① 党内民主的确立和完善必须立足现有制度框架，以民主决策、民主管理和民主监督为突破口，渐进地推动民主选举的实施。《中国共产党党员权利保障条例》的颁布和实施就是在这方面作出的尝试和努力。《条例》明确规定了党员的知情权、参与权、选举权、监督权等权利，为这些权利的逐步完善奠定了基础；《条例》着重强调的是党委内部的议事和决策机制，立足集体领导、民主集中、个别酝酿、会议决定的原则，进一步理顺常委会与全委会的关系，全委会的职能得到更好的履行；进一步健全党的代表大会制度，积极探索党代会闭会期间发挥代表作用的途径和形式，积极稳妥地进行党代表大会常任制试点。在民主选举方面，必须通过改变候选人提名方式和适当扩大差额选举范围的办法，来改善现有选举制度。同时，为了有效地履行社会整合功能，必须扩大党的意识形态包容性，建立和拓宽利益表达和信息沟通渠道，发展和推进党内民主等。②

在这一过程中，需要特别注意的是，党的领导与党的执政虽然

---

① 林尚立：《党内民主：中国共产党的理论与实践》，上海：上海社会科学院出版社 2001 年版，第 145—174 页。

② 王长江：《政党现代化论》，南京：江苏人民出版社 2004 年版，第 286 页、第 329—335 页。

在谋求和实现人民的利益这一目标上是共同的,但二者也存在着许多不同。如党的领导主体是党组织本身,党的执政的直接主体不是党组织本身,而是党的代表们。党的领导是党在社会生活中通过自己无私的工作同人民群众形成的一种事实性关系,它不是靠法律规定,不是靠强迫和武力。党的执政却是一种法律意义上的权力地位,它表现为党的代表们在国家权力机构中占主导地位,而这种主导地位又是通过法律程序——选举——获得的,所以它是一种既定的法律状态,一种既定的法律地位,受到法律的保护。① 邓小平同志在1980年提出的党和国家的领导制度、干部制度存在的五个弊端,即官僚主义现象,权利过分集中的现象,家长制现象,干部领导职务终身制现象何形形色色的特权现象。② 这些现象对整合是致命的障碍。

第二,从政党外部来看,有效整合有利于加强民众对政党的认同,有利于确立和巩固政党权威。党的十五届六中全会指出:"马克思主义执政党的最大危险,就是脱离群众。人民群众是我们党的力量源泉和胜利之本。失去了人民群众的拥护和支持,党的事业和一切工作就无从谈起。党要经受住长期执政、改革开放和发展社会主义市场经济的考验,就必须始终不渝地贯彻党的群众路线,密切联系群众。""群众路线"是中国共产党处理政府和大众关系的基本态度和方法。所谓"群众路线"由"群众观点"和"群众工作方法"组成。"群众观点"主要包括:全心全意为人民服务、一切向人民负责、虚心向人民学习。③ 毛泽东对"群众工作方法"的定义是:"在

---

① 张恒山:《中国共产党的领导与执政辨析》,《中国社会科学》,2004年第1期。
② 《邓小平文选》(第2卷),北京:人民出版社1994年版,第320—343页。
③ 袁纯清:《人民群众团体论》,北京:教育科学出版社1992年版,第8—10页。

我党的一切实际工作中，凡属正确的领导，必须是从群众中来，到群众中去。这就是说，将群众的意见（分散的无系统的意见）集中起来（经过研究，化为集中的系统的意见），又到群众中去做宣传解释，化为群众的意见，使群众坚持下去，见之于行动，并在群众行动中考验这些意见是否正确。然后再从群众中集中起来，再到群众中坚持下去。如此无限循环，一次比一次更正确、更生动、更丰富。"① 党必须确保在利益多样化下仍能代表最广大人民群众的根本利益，必须具有将来自不同社会阶层、不同利益群体等政治资源、利益和需求统一起来，吸收并同化于制度体系之中的社会整合功能。党必须确保对体制内外需求和支持作出反映，通过政治社会化和政治征擢，吸引更多的需求表达。如从事中介服务、管理劳动、科技劳动等的劳动者的利益。整合多种利益需求，完善政治沟通渠道，形成具有约束性的决议、原则性的决策、命令、规章等等。同时借助对生态系统（如环境的治理和保护）、社会系统（如农村社会保障体系的建立）等党内外系统的分析研究，形成积极有效的反馈环节。政府公共政策从理性地制定到得到彻底的贯彻和执行是执政党创造新的合法性资源的根本性条件。在当代中国，政策从制定到执行都是由中国共产党来完成的，因此，政策决策与执行机制的完善对于巩固与发展政党权威有重要意义。但是，在现实生活中，政府在政策执行上存在功能障碍，主要因为在政府的施政条件和能力方面，如腐败的存在会扭曲政府执行的过程，破坏政府执行的过程，从而弱化了政府的决策和执行功能。而且，地方保护主义的滋生必然会使中央政府的权威在一定的程度上流失，进而使政党权威受到损害。

---

① 《毛泽东选集》（第3卷），北京：人民出版社1964年版，第901页。

同时，由于政策决策与执行是一种互动关系。一方面要通过决策来推动执行；另一方面要通过反馈来修正决策。所以，还必须有完善的信息沟通渠道，形成有效的反馈。这样才能进一步的提高政党整合能力，发展自身权威。

三、借由政党权威通往政治成熟：一种社会成功转型的可能路径

马克斯·韦伯认为，现代经济发展必然促成社会的高度分殊化从而导致整个社会具有日益多元分散的社会离心力倾向，由此，落后民族经济崛起的背后所隐含的一个重大问题就是，该民族的政治主导力量是否有足够的政治远见和政治意志去塑造一种新的政治机制，使多元分散的社会利益仍能凝聚为民族整体的政治意志和政治向心力，以适应社会结构的巨大变动。① 民族—国家（nation—state）是现代国家的规范形态。② 党化国家（party—state）是现代国家的变异形态。③ 所以，政党在巩固自身权威的同时也必须认识到，只有能使民众对政党的认同进一步升华为对国家和民族的认同才能长久地维护自身的权威，使民众对党的忠诚和对国家的忠诚结合起来，使民众在政治上成熟起来。早在1941年邓小平就认为"以党治国的国民党遗毒，是麻痹党、破坏党，使党脱离群众的最有效的办法。我们反对国民党以党治国的一党专政，我们尤要反对国民

---

① 唐桦：《"政治成熟"与中国的政治成熟之路》，《东南学术》，2004年第6期。
② [美]迈克尔·罗斯金等：《政治科学》，林震等译，北京：华夏出版社2001年版。
③ [匈]玛丽亚·乔纳蒂：《转型：透视匈牙利政党——国家体制》，赖海榕译，长春：吉林人民出版社2002年版。

党的遗毒传播到我们党内来"①。企图以政党取代国家是绝对不可取的。刘小枫曾经指出："现代中国具有社会法权的大政党均不是纯政治性的政党，而是有宗教承担的宗法性政党，它们提供对世界和人生的意义解释，规定国家伦理秩序的正当性，划定社会精神生活的方向。这样一来，政党伦理就会成为国家伦理。""拥有社会法权的政党伦理在现代化经济—政治转型过程中逐步式微。随着政党伦理在中国各地不同程度的式微，精神伦理之社会化和制度化机制不能再靠与政制结盟的方式来达成，精神伦理的社会化机制面临危机。这正是当代汉语世界中民族性的国家伦理建构的根本问题所在。"②当代中国执政党在通过整合来谋求其自身权威，确立政治的正当性的同时，必须着力构建面向国家的权威资源。政党整合作用的发挥必须立足于整个国家的向度。否则，可能会在"在政党伦理衰弱之后，汉语世界的国家伦理资源将进一步亏空"③。政党整合的重要方面是必须具有培育出一整套能够促成国家认同和民族认同、政治认同、政治成熟的意识形态体系。这一整套意识形态体系可以满足统一利益多样化民众的道德伦理要求，可以增进民众对国家和民族的认同，发挥维护政治稳定的功效。

正如马克斯·韦伯指出的那样，一个民族发达与否，不在其"外在强盛"，不在经济军事的发达程度，而在其"内在强盛"，在于在政治上走向成熟。落后民族从根本上是一个"政治不成熟的民族"，主要是由于缺乏一套能够整合机制。这一套整合机制可以使全体国民都参与其中，可以使大多数国民生活在本国政治

---

① 《邓小平文选》（第1卷），北京：人民出版社1993年版，第12页。
② 刘小枫：《这一代人的怕和爱》，北京：生活·读书·新知三联书店1996年版。
③ 刘小枫：《这一代人的怕和爱》，北京：生活·读书·新知三联书店1996年版。

之中，可以将随着现代经济发展高度分殊化（societal differentiation）的社会利益纳入政治过程。马克斯·韦伯认为，这种促进政治成熟要依靠"大众政党"和"大众民主"（mass democracy）。"大众政党"能够超越不同阶层、不同集团、不同地区的局部利益，成功地整合各个阶层的利益。"大众民主"，亦即被纳入一个统一经济过程中的社会大众必须同时能参与到一个统一的政治过程之中。这种以最广泛的政治参与来凝聚民族政治认同的民族就是现代"政治民族"①。

党的十六届四中全会《决定》指出："形成全体人民各尽其能、各得其所而又和谐相处的社会，是巩固党执政的社会基础、实现党执政的历史任务的必然要求。要适应我国社会的深刻变化，把和谐社会建设摆在重要位置，注重激发社会活力，促进社会公平和正义，增强全社会的法律意识和诚信意识，维护社会安定团结。"第一次把不断提高构建社会主义和谐社会的能力作为当前和今后一个时期加强党的执政能力建设的主要任务之一。这一新的目标的提出突出了在社会转型期保持社会和谐的极端重要性。在这一过程中，必须发挥政党的整合功能。政治整合能力和整合程度，决定着政党力量的强弱。政治需要权威。社会转型期，需要一个稳固的权威载体，即政党。政党权威的确立和巩固需要其整合功能的双重发挥。在这一过程中，政党必须承担起推进政治成熟的责任和使命。

---

① 甘阳：《走向"政治民族"》，《读书》，2003年第4期。

第三节　要义与理解：西方公共治理理论的当代中国有效适用

"历史上的统治活动都可以被认为是治理。"[①] 治理具有普遍意义，对处于社会转型的当代中国意义尤其显著。中国共产党树立权威需要借由整合功能的双重发挥得以实现，而使得这种整合功能的双重发挥得以落地的是治理。当代中国政治语境下，对公共治理理论的衍用，一方面，这可以推进公共治理理论中国化，理论上是对公共治理理论进一步发展的触动；另一方面，更主要的是可以用西方先进理论指导与推促中国公共治理实践。而公共治理理论具有普适性的成分，一如同样衍生于西方发达世界的马克思主义这一先进理论形态同样可以在非西方世界得以有效适用。自1989年世界银行探讨非洲发展时首次使用"治理危机"以来，公共治理理论及其实

[①] 蓝志勇、陈国权：《当代西方公共管理前沿理论述评》，《公共管理学报》，2007年第3期。

践研究逐渐成为国内外研究①的热点。当代中国公共治理理论现有研究对公共治理理论中西方衍用语境差异的回避体现在：其一，有意无意回避当代中国公共治理理论有效适用研究的政治学基础意涵；其二，有意无意回避当代中国公共治理理论有效适用研究的当代中国政治现实基础。而理论上的政治学基础意涵与现实中的政治生活是公共治理理论有效适用研究所无法回避的。这里试图在纠正如上偏差上作出努力。

　　学界普遍认为，公共治理理论有效适用的目的是在各种不同的制度关系中运用权力去引导、控制和规范公民的各种活动，以最大限度地增进公共利益。② 欲使公共治理理论有效适用，必须关注与促成其中的整合。整合的促成，根本上需要利益共享。利益共享的前提是权力共享。对处于社会转型期的当代中国而言，治理失败可以置换为改革机制的扭曲与改革共识的缺失。当代中国政治语境下，公共治理理论有效适用与政治发展密切勾连。对治理失败的应对须

---

　　① "治理"最初出现在市政学研究中，后被应用于国家这一层面，再到国际层面。我国最早介绍"治理"或"治道"的文章可能是署名智贤发表在《公共论丛·市场逻辑与国家观念》上的《GOVERNANCE：现代"治道"概念》。徐勇（1997年）、毛寿龙（1998年）、俞可平（2000年）等展开了引介公共治理理论的工作。随后国内学界将公共治理理论研究用于诸多问题研究领域，如环境治理、社区治理、高校治理、区域治理、危机治理等等。但是，近年来的研究成果充斥着大量的重复研究，并普遍存在着将公共治理理论的西方逻辑强制套用于中国实践的情况。这里以为，单就研究本身而言，这种情况的出现是有意无意地回避了公共治理理论中西方衍用语境差异的结果，导致立足中国本位的公共治理理论研究缺乏。参见郁建兴、黄红华：《2006年中国公共管理研究前沿报告》，《中共宁波市委党校学报》，2007年第3期；徐勇：《治理转型与竞争——合作主义》，《开放时代》，2001年第7期；魏崇辉：《当代中国政治语境下的治理理论研究——一个分析框架构建的尝试》，《政治与法律》，2009年第4期。

　　② 俞可平主编：《治理与善治》，北京：社会科学文献出版社2000年版，第4—5页。

从信任构建着手。这必然与治理规则设定及其施行及治理精英成长紧密相连。整合→共享→失败→定位→应对形塑了公共治理理论有效适用的理路。

一、公共治理中的整合：必要与可能

公共治理理论有效适用中，政府应当承当治理责任（governance responsibility）。这种"治理责任"并非是指政府单独治理，亦并非指政府消解治理的多元性，而是认清整合之必要，探索整合之可能。

其一，当代中国公共治理理论有效适用中整合之必要：转型期公民社会的渐次成长。公民社会[①]被视为现代国家的要件之一。"公民社会的作用就在于平衡国家的权力，同时保护个体免受国家权力的侵扰。"[②] 从治理的角度来看，公民社会是多元行为主体的基本生存空间。政府、私营部门、第三部门、公民等多元行为主体需要在公民社会中存在。欲使公共治理理论有效适用，必须对多元行为主体成功整合，迫切需要促进公民社会的成长与成熟。但是，公民社会并非一下子成熟起来的，其有一个成长的过程。现代性孕育着稳

---

① 英文术语"civil society"可以译为"市民社会"、"公民社会"与"民间社会"等，各有侧重。"市民社会"是最为流行的，亦为"civil society"的经典译名，但传统语境下或多或少带有贬义。"民间社会"则具有边缘化的色彩。"公民社会"则是改革开放以来对"civil society"的新译名，凸显了"civil society"的政治学意义，强调了公民的公共参与及其对国家权力的制约。这里的研究是基于政治学视域开展的，因此，使用"公民社会"。参见俞可平：《中国公民社会：概念、分类与制度环境》，《中国社会科学》，2006年第1期。

② [美]弗朗西斯·福山：《公民社会与发展》，载曹荣湘选编：《走出囚徒困境——社会资本与制度分析》，上海：上海三联书店2003年版，第79页。

定,而现代化过程却滋生着动乱。① 近年来群体性事件的频发已经说明了这一点。整合俨然成为必需。而公民社会的成长与成熟,促成整合需要借助于组织重建与信仰重塑。②

其二,当代中国公共治理理论有效适用中整合之路径:组织重建与信仰重塑。社会转型期,旧有社会得以维续的组织体系逐渐崩塌,需要新的组织以及支撑其存续的信仰根基。因此,处于转型期的当代中国,公共治理理论有效适用中整合的途径为组织重建与信仰重塑。治理的适用不是对国家或政府作用的消解,而是对其的重新思考与界定。这种"重新思考与界定"是否定之否定的过程,是对国家或政府作用的再认识、再理解。国家或政府作用的发挥必须依托组织完成。整合依靠组织内部整合与组织外部整合来促成。政党政治的当下,这里的"组织"典型为政党,就当代中国而言,是中国共产党。③"共产党中国犹如一栋由不同的砖石砌成的大楼,她被糅合在一起,站立着,而把她糅合在一起的就是意识形态和组织。"④ 当代中国,作为现代国家建设重要方面的官僚体制得以逐步

---

① [美] 亨廷顿:《变化社会中的政治秩序》,王冠华等译,北京:生活·读书·新知三联书店1989年版,第38页。

② 刘晔:《政党国家的兴起:知识分子与近代中国国家建设》,载刘建军、陈超群主编:《执政的逻辑:政党、国家与社会》,上海:上海人民出版社2005年版,第65—83页。

③ 当代中国,"政府"作为公共权力的化身,应把中国共产党组织包括在内。"共产党组织在当代中国不仅事实上是一种社会公共权力,而且也是政府机构的核心——无论就广义的政府还是狭义的政府而言都是如此。如果把中国共产党组织排除在'政府'之外来分析当代中国的政府过程,……在根本上就是不得要领的,这全然不同于西方国家的情况。""……中国共产党的结构和功能更接近西方国家的政府,而不是政党。"因此,此处的"政府"包含甚至主要是指中国共产党,诚然,这与当下追逐西方学术的公共管理学研究是不同的,多数情况下,中国共产党不在其研究的范围之内。参见胡伟:《政府过程》,杭州:浙江人民出版社1998年版,第16—17页。

④ 刘晔:《政党国家的兴起:知识分子与近代中国国家建设》,载刘建军、陈超群主编:《执政的逻辑:政党、国家与社会》,上海:上海人民出版社2005年版,第78页。

建立，包含有许多专业化的合理部门与管理体系，诸如环保、食检、质检、城建、机场、交通等等。①

其三，当代中国公共治理理论有效适用中整合之关键：政府。政府是当代中国公共治理理论有效适用中整合之关键。随着市场经济社会的快速发展，尤其是网络的兴起，如何确保"意识形态和组织"的整合功能，成为考验政府的一大难题。网络化时代，掌握技术先机的政府借助于这种先机形成的主动权可以更加便捷地引导公民对公共事件的认知与理解，进而可以引导公民社会成长的方向。此时，政府的态度与立场对公民社会成长方向的影响是决定性的。是引导公民社会朝着理性、客观的方向发展，最终成为可以牵制公共权力的重要力量来源，还是引导公民社会朝着非理性、主观的方向发展，成为既得利益群体谋求私人或群体利益的工具，是摆在政府面前的必然抉择。理想状态是，法治化的政府通过官僚体制的建立，成功整合渐次成长的公民社会，以获取权威。但是，事实的情况可能是，政府自身在改革中已经成为一个既得利益群体，其整合的对象是整个社会，还仅仅是自身的利益群体，成为判断政府是否履行其责任的根本标准与尺度。此种情势下，要实现公共治理理论有效适用中的利益共享就必须借助于对权力的共享。诚然，这是一个艰辛的过程。

二、从权力共享到利益共享的公共治理

根本上，促成当代中国公共治理理论有效适用中的整合需要利

---

① 贺东航：《中国现代国家的构建、成长与目前情势——来自地方的尝试性解答》，《东南学术》，2006年第4期。

益共享。利益共享是公共治理理论有效适用的基本指向。权力①共享是利益共享的前提。权力共享是政治发展的主题之一。真正意义上的权力共享逻辑上必然推衍出利益共享。

第一，利益共享之前提：公共治理理论有效适用中的权力共享。公共治理理论理念下，对权力的共享大体上分两种情况。其一是基于政府内部的权力共享。这主要指以整体性政府为主要内容的政府改革运动。如英国布莱尔政府包含回应性服务、提高公共服务质量、重视公共服务价值、改进政策制定以及建立信息时代政府等建议的改革规划。这些改革规划以对政府所运用公共权力的具体范围及形式等作内部划分为手段，以推进政府各个部门之间的整体性运为旨归。其二是基于政府外部的权力共享。这主要是网络化治理。网络化治理以政府与社会的合作为主要手段，以推动政府与社会相互依赖利益的实现为旨归。公共治理理论适用的如上形式有着各自的不足之处。由于主要基于政府内部展开，缺乏有效监督，整体性治理的效果令人质疑。而政府、私营部门、第三部门、公民如何有效协调运作关系到网络化治理的效果。不过，不管效果如何，它们都是在官僚体制基础上对政府与市场、社会关系的调适。

当代中国政治语境下，对公共治理理论适用的考察可以从理论层面与实践层面分别展开。按照公共治理理论，我们认为，公共物品与公共服务的生产和提供可以由不同的行为主体来完成，并不必然局限在一种行为主体。可供选择的行为主体有政府（公共部门）的、市场（私人部门）的、公民社会（第三部门）的以及它们之间

---

① 此处的"权力"指的是"公共权力"。"……从治理的角度看，公共权力体系应包括国家权力和社会自治权两部分。"参见徐勇：《GOVERNANCE：治理的阐释》，《政治学研究》，1997年第1期。

的各种混合形式。公共治理理论有效适用意味着通过现代国家、市场经济与公民社会的分工协作,来实现良好而有效的治理。治理是施用权力的过程。多元行为主体充当治理主体,共享权力。在实践上,当代中国公共治理理论适用遇到的问题是,国家建设、市场体制建立健全、政府失败与市场失败。权力共享的必要性与权力的错位、越位与缺位并存使得当代中国权力配置困难自不待言。

第二,利益共享之意义:公共治理理论有效适用的基本指向。从应然的角度看,"新公共服务理论认为,公共行政人员必须建立一个集体共享公共利益的观念。目的不是在个人选择的驱动下,迅速找到解决的办法,而是创造一个利益共享、责任共担的机制"①。公共治理理论有效适用是对公共利益的保护,同时也是对个体利益与群体利益的保护。当然,这里所论及的"个体利益与群体利益"符合基本的道德准则与法律准则,不违背公共利益。

"让全体人民共享改革发展成果"是当代中国政府的基本执政理念。公共治理理论在当代中国有效适用的基本指向必须符合这一理念。作为政治学与公共管理学的基本研究取向,公共治理理论有效适用的基本指向理应凸显其中的政治学与公共管理学研究性征,而政治关系中首要的和基本的是利益关系,因此,这里将公共治理理论有效适用的基本指向界定为"利益共享"。"利益共享"与"共享改革发展成果"是相通的。逻辑上,利益共享有利于当代中国公共治理理论有效适用,有利于中国特色社会主义民主政治发展。

需要特别指出的是,公共治理理论有效适用中的权力共享与现

---

① 顾丽梅:《新公共服务理论及其对我国公共服务改革之启示》,《南京社会科学》,2005年第1期。

代国家建设相辅相成。多元行为主体共享权力并不代表着国家权力的削弱，尤其是在应对外部威胁与压力时。而恰恰相反，权力共享与利益共享所必然带来的是，整个国家在应对外部威胁与压力时聚合能力的提升与增强。

三、治理失败：改革机制的扭曲与改革共识的缺失

相对于市场失败与政府失败而言，公共治理理论有效适用中同样有"治理失败"。"治理的失败可以理解为是由于有关各方对原定目标是否仍然有效发生争议而又未能重新界定目标所致。"① 对处于社会转型期的当代中国而言，治理失败可以置换为改革机制的扭曲与改革共识的缺失。

第一，当代中国公共治理理论有效适用中的失败：改革机制的扭曲。我们可以看到的是，改革开放以来，当代中国展开了对次关于改革的争论。这从一个层面说明了社会的进步。但令我们失望的是，即便对某项措施或政策存有巨大争议，"但在这项措施或政策实施之后，人们会发现，无论这些措施或政策的取向是什么，在利益结果上几乎都没有太大的差别，该对谁有利还是对谁有利，该对谁不利害是对谁不利"②。

衍用公共治理理论的民营化和机构缩减改革仅仅停留在表层或已经异化。比如，在中国的国有企业民营化进程中，很多被分配有

---

① 俞可平主编：《治理与善治》，北京：社会科学文献出版社2000年版，第72页。
② 孙立平：《博弈——断裂社会的利益冲突与和谐》，北京：社会科学文献出版社2006年版，代序第5页。

大量股份的投资者其实是在职或原国家干部。① 适用于中国的并非发达国家的"善治",而是经过改良之后的"足够的善治"(good enough governance)。② 当代中国,公共治理理论有效适用具有现代国家建设与市场经济体制建立健全,以及应对政府失败与市场失败的多重意涵。其中,现代国家建设的地位尤为重要。当下,政府权威未能得以有效树立,官僚体制未能得以有效建立,公民社会有待进一步成长与成熟,法治化进程举步维艰。可见,现代国家建设仍未完成,"足够的善治"远未到来。这些工作的完成根本的解决首先需要改革共识。而改革共识恰恰是缺失的。

第二,当代中国公共治理理论有效适用中的失败:改革共识的缺失。从上文所阐释的内容出发,这里以为,当代中国公共治理理论有效适用中的失败直接体现是改革机制的扭曲。换句话说,改革或治理模式转变的指向是服务于既得利益群体,而不是公共利益。这与"足够的善治"是相违背的。"足够的善治"的生成,需要理性改革共识的凝练。"当一种改革措施或一项政策出台前后,社会上特别是学术界或政策研究者中往往出现很大的争论,其中的一些争论会带有很强的意识形态色彩,比如改革与保守,左与右等。"③ 这固然是社会进步的表现。但是,比改革机制的扭曲更加令人遗憾的是,改革过程中出现的"很大的争论"很多不是出于对改革本身存有争议,其形成的基石是利益。"很大的争论"其实是利益之争。从利益

---

① 周敬伟:《进一步发展中国公共行政学科:四个关键》,《公共行政评论》,2009年第3期。

② Grindle, M. S. *Good Enough Governance: Poverty Reduction and Reform in Developing Countries. Governance*, 2004(4), pp525−548.

③ 孙立平:《博弈——断裂社会的利益冲突与和谐》,北京:社会科学文献出版社2006年版,代序第5页。

出发,以是否可以通过争论谋求个人私利或群体利益作为是否进行争论的判断标准,至于改革将走向哪里、去往何处则不在关注的范围之内。当研究变成简单的谋生工具时,学术的价值与意义变得微不足道起来。

四、公共治理有效适用与政治发展:勾连与结点

政治发展从狭义上看是指政治体系内部的发展变化,尤其是现代化过程中的政治转型,也就是治理模式的转变。① 政治发展并不必然包含公共治理理论的有效适用,但公共治理理论有效适用却是政治发展、改革②的一种。公共治理理论在当代中国的有效适用是治理模式由传统的国家治理模式向合作治理模式的转变,是中国特色政治发展的过程。当代中国公共治理理论有效适用与政治发展③是密切勾连的,其勾连结点是现代国家建设。当代中国处于社会转型的关键时期,"改革正在过大关"④。走往哪里,去往何处,是摆在当代中

---

① 燕继荣主编:《发展政治学:政治发展研究的概念与理论》,北京:北京大学出版社 2006 年版,前言第 1 页。

② 由于"政治发展"与"政治(体制)改革"有共通之义,这在当代中国体现得尤为明显,因此,为了不偏离主题,这里对于二者未作进一步区分。

③ 中国改革开放以来所取中得的成就,从政治有效性建构促进国家成长和社会发展的层面上来说,是有效政治创造有效发展的事实。政治对经济和社会发展的有效作用,是中国国家成长的关键。从主旨出发,这里以为,当代中国,其一,政治发展(或改革)的核心内容是现代国家建设(成长);其二,政治对经济与社会发展的决定作用。因此,这里在论述"现代国家建设与市场经济体制建立健全"时,着重论述了现代国家建设的要义。参见林尚立:《有效政治与大国成长——对中国三十年政治发展的反思》,《公共行政评论》,2008 年第 1 期。

④ 吴敬琏:《改革:我们正在过大关》,北京:生活·读书·新知三联书店 2001 年版。

国面前的紧迫抉择。处于社会转型期的当代中国,急切需要利用援引各种先进理论指导改革实践,促成整合,实现共享,避免失败。这里并非以长期愿景来取代客观现实,亦非刻意夸大公共治理理论的意义,而是试图通过对公共治理理论的科学援引与有效适用,寻求其与当代中国政治现实相契合之处,希冀借助这一过程借由推促公共治理理论有效适用推动当代中国政治发展,建设现代国家。

公共治理理论针对政府失败与市场失败在西方世界得以适用,其基石是现代国家建设的完成与市场经济体制的建立健全。西方世界中,公共治理理论所应对的政府失败与市场失败是现代国家建设基本完成与市场经济体制基本完备情势下的政府失败与市场失败。这是与当代中国公共治理理论适用不同的。虽然我们拒斥西方现代国家与市场经济体制中的意识形态成分,但并不否认其中普适性的内容。基于主旨,这里集中阐释现代国家建设的要义。现代国家建设中自然包含有市场经济体制建立健全的内容。现代国家建设主要包括政治权力的集中化(表现为决策的强化)、法律规范的普及(同时导致官僚机制的发展)和公民在公共事务中作用的扩大。[①] 从公共治理理论有效适用的角度来看,现代国家建设涵括:其一,政府权威树立。"治理的兴起不应被看作是国家的衰败,而应该是国家适应外部环境变化的一种能力的体现。"[②] 其二,官僚体制建立。现代国家中,政府树立权威的基本渠道是提升政府能力提升。而政府能力的基本承载是官僚体制。现代的官僚体制可以提高效率,成功应对

[①] [美]安东尼·奥罗姆:《政治社会学》,上海:上海人民出版社1989年版,第339—341页。

[②] Pierre J. *Debating Governance*:*Authority*,*Steering and Democract*,Oxford University Press,2000,p3.

社会多重需求。其三，公民社会成长与成熟。公民社会是制约公共权力、保障个人权利的重要屏障。其四，法治是贯穿现代国家建设的基本路径。法治可以规约公共治理理论适用中多元行为主体的行为，使其各司其职，各谋其政。

五、治理失败的应对：信任、治理规则与精英

就公共治理而言，信任是合作的前提。没有信任，就没有真正意义上的合作。"当代治理成功与否，关键取决于包括政府在内的社会网络组织的构建、信任关系的形成与合作方式的建立。"① 公共治理过程中，多元行为主体有相互的权力依赖关系，即信任关系。这是公共治理理论有效使用的基础。要实现权力分享与权威转换，必须发挥信任的基础性作用。信任的构建根本上需要依靠治理规则设定及其施行。而治理规则设定及其施行需要治理精英的成长。反过来，"就建构的互动性而言，社会治理积极走向多中心，也是推进信任发展的结构性动力"。②

其一，信任构建中的治理规则制定及其施行。公共治理理论有效适用的过程，是国家权力外放的过程，是权力由国家向社会回归的过程。而在国家消亡远未到来之时，公共治理理论有效适用体现的是权力共享。当代中国，权力是否共享以及如何共享的主动权掌握在国家手中。上文已经指出，促进社会发展，尤其是经济发展上

---

① 孙柏瑛：《当代地方治理——面向 21 世纪的挑战》，北京：中国人民大学出版社 2004 年版，第 26 页。
② 孔繁斌：《公共性的再生产——多中心治理的合作机制构建》，南京：江苏人民出版社 2008 年版，第 137 页。

的突出表现使得当代中国政府取得了权威。但由于经济社会发展的周期性规律以及政府中立性的丧失使得这种权威性资源在不断流失。如何保持政府权威,构建政府与民众之间的信任是公共治理理论有效适用的基本保障。信任缺失的弊病在风险社会的当下容易引发群体性事件,最终损害政府权威,危及执政合法性。

在一定意义上,政府行为及其制度化安排形塑了该国的信任状况,尤其是在中国这个政府具有"天然权威"的国家中。"如果行动者之间的关系没有明晰的游戏规则,就不存在合作关系。"① 规约政府行为以构建信任关系,才能推进公共治理理论的有效适用。信任的构建与公共权力的运行、与政府权威、社会权威的获取都密切相关,尤其是与国家权力、政府权威直接相关。必须运用法治与民主规则规约政府行为使其制度化,促成信任关系的构建,使得公共治理得以公平、公开、公正地进行,保证公共治理理论有效适用。

其二,信任构建中的治理精英成长。权力分享是公共治理理论有效适用的基本走向。而最为关键的因素之一,是信任关系的构建。如果一个社会连最基本的信任都没有了,犹如一盘散沙,那么,国家权力如何能从社会撤出?当国家权力从社会撤出时,何种力量可以成功地替代国家权力以维系良好的社会秩序呢?这关涉到规则制定及其施行、精英成长等一系列问题。从应然的角度来看,精英应该发挥的作用有:有效实现社会整合,稳固社会共同体的存续;充当国家权力与个体公民之间的缓冲器,协调二者之间的关系。一方面,使得国家权力不足以危及个体公民的权利与利益;另一方面,

---

① [美]皮埃尔·卡蓝默等:《破碎的民主:试论治理的革命》,高凌瀚译,北京:生活·读书·新知三联书店2005年版,第170页。

使得个体公民不会在问题面前聚合以致引起群体性事件。

从权力组成要件出发，可以简约地将权力的所有者分别指称为政治精英、经济精英与知识精英。从西方社会发展历程来看，精英是民主化的基本推动力。在公共治理中，精英是主导力量和核心因素。当代中国，精英阶层的利益集团化则构成了对公共治理理论有效适用的巨大威胁。精英阶层的流动性越来越差，对外的封闭越来越明显。精英与民众之间、精英之间为了利益，尤其是经济利益而进行了多种方式的相互利用，基本的信任极度匮乏。因此，要想构建信任，实现公共治理理论有效适用，一要确保精英的产生与行为符合法治与民主的规则，精英必须受到法治与民主的制约与监督。二要确保精英与民众保持有效衔接与良性互动，各个阶层都有代表自身的精英群体。三要确保精英的流动与更替，要确保不管出身如何，任何人经过努力都有可能成为精英的一分子。

第三章 公共治理理论有效适用之逻辑、权威与根基

◆ 第一节 公共治理理论有效适用之逻辑：理解与核心

◆ 第二节 政治权威与社会权威：公共治理理论有效适用的双重权威基石

◆ 第三节 公共治理理论有效适用中的权力、权威与信任

当代中国政治与行政一体的现实决定了对公共治理理论有效适用的研究必须立足政治学与公共行政学的学科语境下进行。在此语境下，当代中国公共治理理论有效适用之逻辑在于推动政治发展，逻辑核心在于法治与民主。当下，公共治理理论适用有效适用之逻辑实现不甚理想是公共治理理论有效适用中成熟的政治权威与社会权威缺失的直接体现。权威是公共治理理论有效适用的基本要件。公民参与与协商机制是公共治理理论有效适用的根基。公共治理理论有效适用、政治发展的推动、法治与民主的完善和政治权威与社会权威的成熟、公民参与的有序扩大与协商机制设置具有逻辑相互适应性。

第三章 公共治理理论有效适用之逻辑、权威与根基

第一节 公共治理理论有效适用之逻辑：理解与核心

20世纪90年代，为了应对全球性的"政府失灵"，主张加强政府、市场与社会合作的"治理①理论"逐渐形成。显然，这种"治理理论"是与公司治理理论不同的公共治理理论。公共治理理论适用中，"国家和社会都不是固定的实体，在相互作用的过程中，它们的结构，目标，支持者，规则和社会控制都会发生变化"②。"正是由于其模糊性，才使得这些词语得以流行开来。因为，不同的组织和个体都可以按照自己的理解来解释这些词语。""尤其是在一些国际社会场合，恰恰是'治理'这一词语的模糊性，有助于许多不同的国家和相关组织都能接受它和使用它。"③ 这种模糊性的便利性同样体

---

① 治理非新造词。自从有人类社会以来，治理就是人们置身于公共生活、处理公共事务的基本方式。在这个意义上，治理并不强调特定主题和特定对象，也没有什么特别意指，可以相当于统治，相当于管理，也可以相当于不被特定权威所操控的"治理"。这里所谈论的是最后一种理解基础上的"治理"。麻宝斌等：《十大基本政治观念》，北京：社会科学文献出版社2011年版，第225页。国内外学界对"治理"一词的使用存在差异。国外学者之"政府治理"往往仅指狭义的政府内部治理。而国内学者之"政府治理"则常常指治理者是政府。这种差异昭示"治理"与"政府治理"应该是不能混淆的，尤其是在谈论"治理理论"时。见包国宪、郎玫：《治理、政府治理概念的演变与发展》，《兰州大学学报（社会科学版）》，2009年第2期。

② Migdal, J. *State in Society*, New York: Cambridge University Press, 2001, p57.

③ 顾建光：《从公共服务到公共治理》，《上海交通大学学报（哲学社会科学版）》，2007年第3期。

现于学科上。模糊性方便了跨学科的研究与思索。对公共治理理论的研究更多基于公共行政学展开。而众所周知，政治学是公共行政学的基础，公共行政学从政治学中独立出来的前提是政治与行政的分离。这在当代中国是不存在的。脱离政治学学科背景的"纯粹"公共行政学是不现实的，尤其是在当代中国。游离于政治学之外的公共行政学研究对严重背离存在广泛差异性的现实政治生活。

总之，这里以为，一定程度上，模糊性使得公共治理理论在当代中国具有有效适用的可能。同时，当代中国政治与行政一体的现实决定了对公共治理理论有效适用的研究必须立足政治学与公共行政学的学科语境下进行。在政治学与公共行政学学科语境下，当代中国公共治理理论有效适用之逻辑在于推动政治发展，逻辑核心在于法治与民主。当下，公共治理理论适用有效适用之逻辑实现不甚理想是公共治理理论有效适用中成熟的政治权威与社会权威缺失的直接体现。权威是公共治理理论有效适用的基本要件。公民参与与协商机制是公共治理理论有效适用的根基。公共治理理论有效适用、政治发展的推动、法治与民主的完善和政治权威与社会权威的成熟、公民参与的有序扩大与协商机制设置具有逻辑相互适应性。

近年来，"治理"愈发成为一个耳熟能详的词汇。公共治理理论及相关研究渐次成为国内关注的热点，尤其是公共治理理论及相关问题。当代中国政治语境下，考察公共治理理论迫切需要理解其有效适用之逻辑。对于发达国家而言，由于政治体制基本架构已经完备，公共治理的基本目标是进一步提高公共生活质素。而发展中国家公共治理的基本目标是推动发展。① 亨廷顿的《变动社会的政治秩序》主旨之一即为,政治发展是指政治的制度化和政治参与的扩大化。② 笔者以为,当代中国,公共治理理论有效适用与政治发展的推动密切勾连,二者应为互动关系。改革开放以来,国家下放权限、解除管制、推行经济自由化、拓展基层建设等等都体现了政治发展对公共治理理论有效适用的促动。政府、市场与社会在这一过程中都不断成长,合作博弈的能力与公共治理的水平也在进一步提高,反过来,又推动了政治的制度化和政治参与的扩大化。公共治理理论有效适用的逻辑不能在"纯粹"的公共管理领域中寻找,而应该在政治领域寻找。公共治理理论有效适用的逻辑在于推动政治发展。如何在公共治理理论有效适用中,积极推动政治发展,是迫切需要应对的问题。

与政治制度化对应的价值理念是法治。只有法治才能从根本上带来政治的制度化。高压之下的政治制度化仅仅停留在一时与表面。而支撑政治参与扩大化的价值理念是民主。只有在政治参

---

① 有学者指出,发达国家、发展中国家(转轨国家)、不发达国家(失败国家)的治理目标分别为公共生活品质、发展、应对失败。作为发展中国家与转轨国家,当代中国的治理目标包含有三种成分,由于地区的差异,有些地方开始关注公共生活品质的提高。很多地方在应对群体性事件所带来的失败。但总体而言,治理目标中的发展成分明显不足。见敬乂嘉:《治理的中国品格和版图》,载敬乂嘉主编:《网络时代的公共管理》,上海:上海人民出版社2011年版,第31页。

② 对"政治发展"的认识有多重视角,即便是对其内容的认识,亦众说纷纭。有学者在综合了西方与中国政治发展研究观点之后,认为政治发展包含政治民主化、政治制度化、政治能力的提高、政治结构的合理化、政治功能的完善化、政治变革的自主化。参见关海廷:《中国近现代政治发展史稿》,北京:北京大学出版社2000年版,第15—17页。笔者以为,其中最为关键的是政治的制度化和政治参与的扩大化。只有实现政治的制度化和政治参与的扩大化之后,其他的内容才有可能得以真正实现。参见[美]亨廷顿:《变化社会中的政治秩序》,王冠华等译,上海:上海人民出版社2008年版。

与中践行民主，才能真正保证其扩大化。因此，可以说，公共治理理论有效适用之逻辑核心应该在于法治与民主的完善。但是，当代中国公共治理理论有效适用对政治发展的倒逼作用有待进一步加强，政治制度化与政治参与扩大化的进程尚显缓慢。这里以现存治理评价体系为例来说明这一问题。"治理评价体系反映的是政治发展、政治现代化和现代政治文明的实现程度。"但是，现有与治理相关的宏观评价指标和指数中，大多"……缺乏反映政治发展和政治现代化的治理指标或指数。生态现代化理论的倡导者提出了民主参与的原则是解决生态环境问题的十大指导原则之一，但在具体的指标上却没有反映出来"。而与治理相关的中观和微观评价体系采纳了评价法治与民主的成分。如设置"立法、执法与司法、投入、公民权利保障"指标、开发"……性别平等指标、妇女参政指标、妇女发展指标……"等。政府绩效评价体系、党政领导干部政绩评价体系、公共服务公众满意度评价体系的构建与实证分析确实可以有助于凸显与暴露法治与民主上存在的问题。但是，这些评价体系"只有为各级组织部门所采纳才能真正发挥测评作用"。即便采纳，发挥测评作用，发现了问题，但能否真正得以解决仍然存疑。这在一定层面也说明为什么很多问题在我国是"解决了发生，发生后再解决，再解决再发生"。国内专门针对治理的评价框架与体系大多包含有法治与民主的指标，但其作用更多是"启发和引导"性质的。[①] 以上现象的存在一定程度上说明当代中国公共治理理论有效适用之逻辑实

---

① 何增科：《治理评价体系的国内文献述评》，《经济社会体制比较》，2008年第6期。

现状况不理想。一定意义上，这一不甚理想的状况同时是公共治理理论有效适用中成熟的政治权威与社会权威缺失的直接体现。

第二节　政治权威与社会权威：公共治理理论有效适用的双重权威基石

权威是自觉自愿的服从，是政治生活的基本要件，同时亦为公共治理理论有效适用的基本要件。没有权威的政治生活极有可能是混乱的，这在缺乏法治与民主基础的当代中国发生的几率更高。改革开放以来，传统政治权威资源不断流失，而构建于法治与民主之上的政治权威却未能及时得以建立。这使得地方政府与民众之间的关系确立在简单的市场交换基础之上。虽然中央政府、地方政府与民众之间的两两合谋可以形成三角形博弈结构，对政治发展起到了一定作用，但这种关系缺乏法治与民主的保障，合谋大多出现在政府内部，直接导致政府与民众之间的对立，造成政府政治权威的流失。而传统文化、政治腐败、救济无力等诸多因素又使得中国民众往往在盲目顺从与极端抗争两个极端上游走。极端的心态与行为容易促成群体性事件的发生。可见，成熟的权威对于公共治理理论有效适用十分必要。我们知道，治理与统治最为本质的区别是，统治的权威必定是政府，而治理的权威则可以是公共部门，也可以是私人部门。但可以看出的是，二者都需要权威。"治理涉及到中央政府、地方政府和其他公共权威，也涉及到在公共领域内活动的准公共行动者、自愿部门、社区组织甚至是私营部门。"①

首先,树立政治权威。政治权威是国家权力机关借助于法律法规、组织规章,通过法律手段、行政手段、经济手段获取社会力量认可与支持的公共权威形态。政治权威建立在人们公认的威望与影响基础之上,以政治权力为后盾,依靠正义或者人格的感召力而形成。政治权威是政治权力最为有效的表现方式。具有政治权威的政治权力运行会非常顺畅而具有成效。现实政治生活中,政治权威的基本依托主体是政府,当代中国政治语境下,尤其是中央政府。作为公共治理理论的重要实现方式,整体性治理(holistic governance)或整体政府(holistic government)、联合型政府(joined-up government)主张强化中央的权力就是在这方面做的努力。"中央的重新集权可以被看作整体政府的内容之一,原因是一个更强大的中央被认为是公共部门更好合作的前提条件,无论是在纵向上或是横向上。""从纵向上讲,强有力的中央能够为合作提供控制、计划和执行等方面的手段;从横向上讲,强有力的中央具有监理和控制跨部门组织的能力,能够采取更多的合作措施,并且能够更有效地监督专门机构。"② 当代中国公共治理过程中,树立政治权威并不鲜见。比如在宏观调控时强调"各地区各部门要增强大局观念和责任意识,切实把思想和行动统一到中央对经济形势的正确判断上来,统一到树立和落实科学发展观的要求上来,统一到中央加强和改善宏观调控的政策措施上来"。③

---

① 黄显中、何音:《公共治理的基本结构:模型的建构与应用》,《上海行政学院学报》,2010年第2期。
② [挪] Tom Christensen, Per L greid:《后新公共管理——作为一种新趋势的整体政府》,《中国行政管理》,2006年第9期。
③ 本报评论员:《关键在统一思想 增强大局观念和责任意识——四论全面正确积极地理解和贯彻中央宏观调控决策》,《人民日报》,2004年8月8日,第1版。

其次，培育社会权威。树立政治权威、培育社会权威是公共治理理论有效适用的必要步骤。这里主要基于政治学的角度，将政治权威与社会权威划分为不同的权威类型。社会权威是一种非政治权威存在。从应然的角度来看，一个社会应该有各种各样的权威以达致权威的均衡。民众可以在均衡的权威结构中较为容易地寻找实现利益诉求的可能渠道。比如，当灾难事故发生或个人利益受到侵害时，民众可以寻求所在地方政府的帮助，亦可以寻求某一社会组织的帮助。而在地方政府与社会组织无法解决这些事件与事故时，民众也可以寻求上一级政府以及其他社会组织的帮助，而不使之将寻求帮助的希望仅仅寄托在某一级政府或者社会组织身上。如果将压力仅仅放在某一政府身上，或仅仅寄托于某一社会组织身上，则诱致突发事件发生的几率会增高。

众所周知，韦伯基于历史的角度将合法的权威分为三种类型：传统型权威（traditional authority）、魅力型权威（charismatic authority，也称为卡理斯玛权威）与法理型权威（legal authority）。[①] 法理型权威是权威构建的基本走向。成熟的政治权威与社会权威应该为法理型权威。同时，我们知道，传统中国国家与社会高度重合，社会完全被国家所吞没，独立的民间组织是不存在的。20世纪七八十年代以来，社会权威逐渐成长。这在很大程度上得益于民主的理念及其实践。而我们知道，"治理"实际上也是国家权力向社会的回归，是社会权威成长的过程。只有不断走向成熟，社会权威才能在公共治理中获得应有的地位，发挥应有的作用。就当代中国现实而言，法理型的政治权威还没有完全树立起来，政府在公共治理中仍然处于绝对优势的地位。这

---

① [德] 马克斯·韦伯：《经济与社会》，北京：商务印书馆1997年版，第241页。

促成了政府越位、缺位与错位等行为的出现,也在有形无形中给予其以巨大的压力,使得其合法性经受着考验。根本上,只有通过政治发展的推动,法治与民主的完善,才能造就成熟的政治权威与社会权威,从而进一步使得政治权威与社会权威协同应对公共治理中的各种问题,各司其职、各谋其位、各尽其能。

第三节 公共治理理论有效适用中的权力、权威与信任

公共治理理论研究方兴未艾。格里·斯托克归纳总结了关于治理的五种主要观点,分别为:(1)治理意味着一系列来自政府但又不限于政府的社会公共机构和行为者。治理挑战了传统的国家和政府权威;(2)治理过程中界限和责任方面具有模糊性;(3)治理明确了各个社会公共机构在涉及集体行为时存在权力依赖;(4)公共治理意味着多元行为主体最终将形成自主网络;(5)治理并不仅限于政府的权力,不限于政府运用权威。① 可见,公共治理理论有效适用的过程,是对公共权力分享的过程,是权威由单一的政府权威向政府权威与社会权威并进转换的过程。公共治理过程中,多元行为主体有相互的权力依赖关系,即信任关系。这是公共治理理论有效

---

① 俞可平主编:《治理与善治》,北京:社会科学文献出版社2000年版,第3—4页。

使用的基础。要实现权力分享与权威转换，必须发挥信任的基础性作用。对公共治理理论有效适用的权力、权威与信任的研究在专制主义传统影响深远的当代中国意义深远。同时，逻辑上，政治学研究应该遵循"语境—议程—方法"的步骤，也就是说研究方法取决于研究议程，研究议程取决于一个国家的政治语境。① 基于当代中国实际的政治学视角研究，关系到公共治理理论有效适用的切实推进，同时也是对公共治理研究的检讨与反思。

一、当代中国公共治理理论有效适用中的权力：国家权力与社会自治权的视角

权力是一种有目的的支配他人的力量，是由暴力、财富和知识三者构成的。② 公共治理理论有效适用的核心在于多中心，也就是多个权力中心。诚然，这里的"权力"特指"公共权力"。在公共治理视域下，公共权力体系包含国家权力（国家权力与政府权力、国家与政府不能完全等同，为了防止偏离主题，这里不作进一步区分）与社会自治权。

其一，国家权力：公共权力的一般内涵。本质上，公共治理是人类的政治活动。公共权力是公共治理最为核心的要素。一直以来，人们对公共权力的认识多集中在国家权力上。这主要是因为国家是以公共权力的存在为前提的。恩格斯指出："国家是以一种与全体固定成员相脱离的特殊的公共权力为前提的。"③ 未来共产主义社会将

---

① 杨光斌：《中国政治学的研究议程与研究方法问题》，《教学与研究》，2008年第7期。
② [美] 托夫勒：《权力的转移》，北京：中央党校出版社1991年版，第11页。
③ 《马克思恩格斯选集》（第4卷），北京：人民出版社1995年版，第94页。

把国家政权重新收回。社会主义则充当了国家权力消亡的过渡。在这一时期，对国家权力要充分运用。"为了达到未来社会革命的这一目的以及其他更重要得多的目的，工人阶级首先应当掌握有组织的国家政权并依靠这个政权镇压资本家阶级的反抗和按新的方式组织社会。"但由于"这个组织的主要目的从来就是依靠武装力量保证享有特权的少数人对劳动者多数的经济压迫。随着这个享有特权的少数的消失，用来进行压迫的武装力量、国家政权的必要性也就消失"①。如何把握利用与消灭之间的张力，是需要长期的实践与摸索的。这在权力本位（官本位）影响深远的当代中国往往转变为对国家权力的追捧。

权力本位（官本位）在中国具有几千年的传统，渗透到社会生活的方方面面，对公共治理理论有效适用形成根本性阻梗——实质上，它也是整个当代中国良性发展的根本性阻梗之一。只是由于路径依赖以及对利益调整的拒斥，当前试图消解政治权力，特别是从体制内消解政治权力显得越来越困难。这在屡次考验人们对改革的耐心与容忍限度的同时，更加强化了既得利益群体对权力的控制与依赖。而吊诡的是，由于传统因素的遗毒与利益的诱使，体制之外的人们在对权力唾弃的同时更多的是对权力的渴望与向往。这也加剧了改革的难度与压力，使得公共治理理论无法得以有效适用，甚至使得社会进入恶性循环的怪圈——很多不正常的事情、情况变得"正常"起来。这直接伤害了整个社会的价值判断标准，贻害无穷。因此，当代中国，推进公共治理理论有效适用必须真正消除权力本位思想与做法，必须建立健全现代国家制度以规约国家权力。

---

① 《马克思恩格斯全集》（第19卷），北京：人民出版社1963年版，第385页。

其二，社会自治权：公共权力的基本内涵。公共权力是公共治理的核心概念之一。公共权力最根本的特征是其公共性。公共权力来自于社会。从统治的角度出发，当前语境下，公共权力的一般内涵是国家权力。但是，公共权力的意涵绝不仅限于此。例如，在原始社会，基于原始公有制形成了普遍的公共利益。而以这种共同体的公共利益为基础形成了原始社会的公共权力，是与大众相结合的权力。国家产生之后，国家权力控制了社会自治权。但是，即便是在控制再为严格的情况下，社会自治权也并没有完全消失。而且，随着公共治理理论的适用，社会自治权施行的空间与范围也越来越大。因此，"……从治理的角度看，公共权力体系应包括国家权力和社会自治权两部分"①。而且，大量的实践已经证明，仅仅依靠国家权力自身谋求对社会控制的放松以推进公共治理理论的有效适用，是不现实的。即便在有些情势下取得的些许进步，可能也会沦为作秀的工具。必须依靠社会自治权逐步的有效发挥，才能从根本上牵制、规约国家权力，才能推进公共治理理论的有效适用。

社会自治权是公共权力的基本内涵。理论上，这一点在社会主义国家体现得更加明显。社会主义国家是"半国家"形态，是处于从国家向国家消亡的过渡。因此，社会主义国家中，国家权力本身更应该逐渐实现向社会的重新回归。相应的，社会自治权应该更加得以有效发挥。比如，当代中国公共治理中出现的社区治理即是社会自治权发挥作用的典型表现。②特别是在业委会蜕变为借由公共权

---

① 徐勇：《GOVERNANCE：治理的阐释》，《政治学研究》，1997年第1期。
② 近年来，业主、业主委员会、物业管理公司之间围绕公共治理展开的博弈已经屡见不鲜。这一过程体现了社会自治权逐渐发挥的历程。典型案例可参见孟伟：《公民政治：从利益到权力的演化——深圳市宝安区滢水山庄业主自主行动实证分析》，《马克思主义与现实》，2004年第1期。

力谋求私利时,业主们认识到,只有实现了由具体的利益诉求向社会自治权诉求的转变,真正掌握了公共权力,才能在公共治理中有发言权,才能真正推进公共治理理论的有效适用。

二、当代中国公共治理理论有效适用中的权威:中性政府与公共理性的视角

普遍认为,权威是权力的合法化运用,自觉自愿的服从。治理与统治最本质的区别是主体的性质。统治的权威来自于政府,而治理的权威并非必定是政府。统治的权威是一元的,而治理的权威是多元的。诚然,治理与统治同样需要权威。当代中国,公共治理理论有效适用需要政府权威与社会权威。

其一,政府权威:中性政府的视角。在政府层面上,权威是与合法性密切勾连的概念。"合法性就是人们对享有权威的人的地位的承认和对其命令的服从。"① 改革开放以来,当代中国包括公共治理在内的社会各个领域所取得的成绩与政府是分不开关系的。当代中国政府借助于在社会生活方方面面所取得的巨大成绩,尤其是经济成绩而获得合法性,取得权威。这种政府权威的取得与中国政府能保持中性地位直接相关。所谓中性政府是指"一个不偏向任何一个社会集团,也不被任何社会集团所左右的政府"。中性政府具有很强的自主性,不代表任何特定的社会集团,不也任何社会集团所左右;中性政府更关注整体利益而不是局部利益;中性政府更关注长期利益而不是短期利益。②

---

① 于海:《西方社会思想史》,上海:复旦大学出版社 1993 年版,第 333 页。
② 姚洋:《中国道路的世界意义》,北京:北京大学出版社 2011 年版,第 11 页。

第二章 公共治理理论有效适用之逻辑、权威与根基

社会转型的首要任务是建设现代国家。对于当代中国而言,现代国家建设与公共治理理论有效适用糅合在一起。现代国家建设需要政府具有权威,以集中迅速聚集现代化发展所需要的各种资源。同时,理性化与民主化亦成为现代国家的基本性征。理性化的最主要的要求就是国家权力的独立性与自主性。民主化则凸显的是国家权力的归属性。[①] 当代中国,理性化、民主化与公共治理理论有效适用是协同并进的任务。一方面,政府必须始终保持中性。"多中心政治体制能够存在的可能性并不妨碍单中心政治体制能够存在的可能性。每一个可能性都取决于概括每个体制的重要的定义性特质,并说明这些定义性。而主要是单中心的政治体制也不一定妨碍这一可能性,即在这样的组织体制中可能存在着一些多中心的因素。"[②] 在泛利益化时代单中心的政治体制下,要实现多元行为主体的公共治理,政府必须始终保持中性才能保证权威。这里需要强调的是,中性政府的意涵。除了上文所指,不偏向任何社会集团,不为任何社会集团所左右的政府之外,还应该包含有以下方面:政府本身不能成为一个既得利益群体。如果掌握国家权力的政府本身因为共同的利益诉求成为与社会相对立的群体,将公共治理的时机、场合、方式、工具甚至结果,都从自身利益出发作出选择性安排,公共治理理论是无法得到有效适用的。另一方面,为了适应民主化的要求,国家必须保证权力来源与运用的合法性,更关键的是,必须把更多的权力交还给社会。这与公共治理理论有效适用是吻合。国家将权

---

① [德]韦伯:《经济与社会(下卷)》,北京:商务印书馆1998年版,第724—725页。

② [美]迈克尔·麦金尼斯主编:《多中心体制与地方公共经济》,上海:上海三联书店1999年版,第72页。

力交还社会是否代表着撒手不管，不闻不问？显然不是。除了要履行基本职能之外，国家还要引导社会权威的成长与成熟。

其二，社会权威：公共理性的视角。有组织就有权威。权威是存在于人类社会历史全过程的一种普遍现象，是与自觉自愿的服从、组织、强制等相联系的能力。社会权威是指社会组织在公共治理中使得他人自觉自愿服从的能力。社会生活中，权威具有政治性与社会性双重性征。社会自治并不否认社会权威的存在。未来社会是政治权威逐渐走向消亡，社会权威逐渐占据主导的社会。

理性是人们的认知能力。人们可以利用理性去无限地认知广大的世界，但同时，理性又是有限的。正如康德所说："人类理性在其知识的某个门类里有一种特殊的命运，就是：它为一些它无法摆脱的问题所困扰；因为这些问题是由理性自身的本性向自己提出来的，但它又不能回答它们；因为这些问题超越了人类理性的一切能力。"[1]与公共治理相对应的公共理性是指多元的政治主体以公正的理念，自由而平等的身份，对公共事务进行充分合作，以产生公共的、可以预期的共治效果的能力。[2]公共理性是多元的行为主体如政府、私营部门、第三部门、公民等在公共治理中所具有的能力。如上文所指，公共理性亦是无限与有限的统一。当代中国，数次政治运动对原本理性不足的社会权威构成了严重冲击与损坏。这种情势下，要想推动社会权威的成长与成熟需要公共治理多元行为主体之间的相互扶持，尤其是需要国家的引导与扶助。这里公共理性的要求在政府、政治家责任与担当上的体现。

---

[1] [德] 康德：《纯粹理性批判》，北京：人民出版社 2004 年版，第一版序，第 1 页。
[2] [美] 罗尔斯：《公共理性观念再探》，载哈佛燕京学社、三联书店主编：《公共理性与现代学术》，北京：三联书店 2000 年版，第 1—46 页。

三、当代中国公共治理理论有效适用中的信任：规则设定及其施行与精英成长的视角

人们承认权威的存在，服从权威，从而建立起信任关系。就公共治理而言，信任是合作的前提。没有信任，就没有真正意义上的合作。"当代治理成功与否，关键取决于包括政府在内的社会网络组织的构建、信任关系的形成与合作方式的建立。"[①] 在公共治理过程中，多元行为主体有相互的权力依赖关系，即信任关系。这是公共治理理论有效使用的基础。要实现权力分享与权威转换，必须发挥信任的基础性作用。信任的构建根本上需要依靠治理规则设定及其施行。而治理规则设定及其施行需要治理精英的成长。反过来，"就建构的互动性而言，社会治理积极走向多中心，也是推进信任发展的结构性动力"[②]。

其一，信任构建中的治理规则制定及其施行。公共治理理论有效适用的过程，是国家权力外放的过程，是权力由国家向社会回归的过程。而在国家消亡远未到来之时，公共治理理论有效适用体现的是权力共享。当代中国，权力是否共享以及如何共享的主动权掌握在国家手中。上文已经指出，促进社会发展，尤其是经济发展上的突出表现使得当代中国政府取得了权威。但由于经济社会发展的周期性规律以及政府中立性的丧失使得这种权威性资源在不断流失。如何保持政府权威，构建政府与民众之间的信任是公共治理理论有效适用的基本保障。信任缺失的弊病在风险社会的当下容易引发群

---

① 孙柏瑛：《当代地方治理——面向 21 世纪的挑战》，北京：中国人民大学出版社 2004 年版，第 26 页。
② 孔繁斌：《公共性的再生产——多中心治理的合作机制构建》，南京：江苏人民出版社 2008 年版，第 137 页。

体性事件，最终损害政府权威，危机执政合法性。

　　一定意义上，政府行为及其制度化安排形塑了该国的信任状况，尤其是在中国这个政府具有"天然权威"的国家中。"如果行动者之间的关系没有明晰的游戏规则，就不存在合作关系。"① 规约政府行为以构建信任关系，才能推进公共治理理论的有效适用。信任的构建与公共权力的运行、与政府权威、社会权威的获取都密切相关，尤其是与国家权力、政府权威直接相关。必须运用法治与民主规则规约政府行为使其制度化，促成信任关系的构建，使得公共治理得以公平、公开、公正地进行，保证公共治理理论有效适用。

　　其二，信任构建中的治理精英成长。权力分享是公共治理理论有效适用的基本走向。而最为关键的因素之一是信任关系的构建。如果一个社会连最基本的信任都没有了，犹如一盘散沙，那么，国家权力如何能从社会撤出？当国家权力从社会撤出时，何种力量可以成功地替代国家权力以维系良好的社会秩序呢？这关涉到规则制定及其施行、精英成长等一系列问题。从应然的角度来看，精英应该发挥的作用有：有效实现社会整合，稳固社会共同体的存续；充当国家权力与个体公民之间的缓冲器，协调二者之间的关系。一方面，使得国家权力不足以危及个体公民的权利与利益；另一方面，使得个体公民不会在问题面前聚合以致引起群体性事件。

　　依从上文所提权力组成要件的划分，可以简约地将权力的所有者分别指称为政治精英、经济精英与知识精英。从西方社会发展历程来看，精英是民主化的基本推动力。在公共治理中，精英是主导

---

① ［美］皮埃尔·卡蓝默等：《破碎的民主：试论治理的革命》，高凌瀚译，北京：生活·读书·新知三联书店2005年版，第170页。

力量和核心因素。当代中国,精英阶层的利益集团化则构成了对公共治理理论有效适用的巨大威胁。精英阶层的流动性越来越差,对外的封闭越来越明显。精英与民众之间、精英之间为了利益,尤其是经济利益而进行了多种方式的相互利用,基本的信任极度匮乏。因此,要想构建信任,实现公共治理理论有效适用,一要确保精英的产生与行为符合法治与民主的规则。精英必须受到法治与民主的制约与监督。二要确保精英与民众保持有效衔接与良性互动。各个阶层都有代表自身的精英群体。三要确保精英的流动与更替。要确保不管出身如何,任何人经过努力都有可能成为精英的一分子。

政治学研究的"技术性"与"操作性"[①]更多应该体现在对权力、权威与信任的驾驭与应对上,而且,这些问题对于公共管理来说,是先在性的,是首先需要面对的。诚然,这里并不说公共管理对公共领域专门性管理知识与技能的研究就不重要,而是试图指出,在未能成功应对权力、权威与信任问题时,对公共领域专门性管理知识与技能的研究可能事倍功半,甚至会徒劳无功。

从发展历程来看,统治行政、管理行政与服务行政是公共行政的基本阶段。当代中国在处在三个基本时期的交融期。从西方公共行政发展的历程来看,统治行政时期,资本主义政治制度逐步得以建立,并逐渐走向完善(至少在西方世界看来如此)。所以,西方发达国家政治学很少研究自己的政体,更谈不上政治体制改革之类的议题。在它看来,在价值上,这已经不是个问题。而当代中国,虽然社会主义政治制度已经确立,但作为政治制度表现形式的政治体

---

① 张国清:《从政治学到政治科学——中国政治学研究的难题与范式转换》,《厦门大学学报(哲学社会科学版)》,2004年第4期。

制却有改革的必要。在价值上，政治体制中存在着可以改进的方面。对权力、权威与信任相关问题的研究必须立足于语境。必须立足于中国实际设置议程与选择方法，立足于政治体制改革推进当代中国公共治理理论有效适用中的权力分享、权威转换与信任构建。诚然，对公共治理理论当代中国有效适用的研究绝不仅限于此。①

---

① 魏崇辉：《当代中国公共治理理论有效适用：必要、关键与保障》，《经济体制改革》，2012年第6期；魏崇辉：《当代中国公共治理理论有效适用的结构、方式与责任》，《理论与改革》，2012年第5期；魏崇辉：《当代中国公共治理理论有效适用：逻辑、权威与根基》，《社会主义研究》，2012年第4期。

第四章 公共治理理论有效适用之必要、关键与保障

- 第一节 过程意义上的公共治理理论有效适用
- 第二节 当代中国公共治理理论有效适用之关键
  ——公民与社会组织的成长与成熟
- 第三节 公共治理理论有效适用之保障
  ——党的领导

社会治理在不同时期、不同国家通过不同类型行政模式实现。从"统治行政"到"管理行政",再到"治理",是西方社会治理演进的基本路径。公共治理理论是当前在西方颇具影响的社会治理理论,是对强调价值取向的新公共行政学与凸显效率取向的新公共管理的统合。不论是否可以构成对传统公共行政范式的替代,对公共治理理论的有效适用都将有利于推动我国社会治理朝着良性方向发展。

除了是一种结果之外,公共治理理论的有效适用更是一个过程。这一过程可以推促现代制度建设。反过来,逐步确立与完善的制度可以推进公共治理理论的有效适用。与公共治理理论有效适用一样,现代制度建设同样需要多元主体来完成,无法单纯依靠执政党及政府来完成。当代中国政治语境下,公民与社会组织的成长与成熟是公共治理理论有效适用的关键。党是公共治理理论有效适用的核心主体。确保党作用有效发挥的必然选择是勇于担当责任,可行路径是完善问责制。

第四章 公共治理理论有效适用之必要、关键与保障

第一节 过程意义上的公共治理理论有效适用

在当代中国社会转型期，公共治理理论提供了有益的借鉴。但是，众所周知，缘起于西方的公共治理理论是对市场失灵与政府失败的反应与应对。就我国而言，市场并非失灵，而是缺少公正运行的基本机制与体制。政府也非失败，而是没有确立基本的行为规范。在这种语境下，公共治理理论能否适用？或者说，西方国家是在市场经济基本健全、公共权力基本规范的情况下，论及与实践公共治理理论。我国当下缺少这些基本的条件。同时，众所周知，治理的应有之义是多元主体。公共治理理论有效适用的行为主体是多元的。治理的权威主体不一定是政府机关，也不见得只有政府机关，而是至少存在政府体系之外的非政府的组织，如民间组织、政府社会间的或政府企业间的中介组织、志愿者团体、企业组织及公共个人都可以成为行为主体。共同参与，甚至是共同决策的。特别需要申明的是，它们地位平等，至少就法律意义而言，大家是平等的。① 如果确保多元主体法律上的平等？还要回到现代制度建设中去。因此，有学者指出，在缺乏作为制度基础的现代社会政治秩序的情况下，如果过分地夸大"治

---

① 吴理财：《政府间的分权与治理》，《马克思主义与现实》，2003年第3期。

理"的效用,把本来作为长期前景的"治理"状态简化为眼前的目标,则可能破坏正在进行的现代制度建设。① 诚然,这些忧虑不无道理。这远比当下国内学界大多对公共治理理论的空洞研究更切中要害。然而,这是否意味着公共治理理论在当代中国没有适用可能与必要了?

笔者以为,在阶级社会依旧是当代政治生活基本场域的情况下,公共治理理论只能是传统管理理念的补充,而不是替代。与统治模式本身所带有的强烈意识形态性不同,公共治理理论的普适性较为明显。援引公共治理理论到中国完全是可能的。诚然,在对先进理论有效适用中,必须坚持立足实际,为我所用,确保实效。具体到公共治理理论有效适用中,就是要充分考虑具体适用的层面。借助公共治理理论近年来发展的主要分支——整体性治理理论与网络治理理论可以说明这一问题。以新公共服务理论为基础的整体性治理强调政府的社会管理与公共服务职能,重新将公众需要作为依归,既追求公平、正义、回应性等基本的民主价值,也兼顾新公共管理倡导的效率。整体性治理模式追求的是行政机构从串联模式向并联模式的转变以改善其内部"碎片化"的制度结构。② 这一理论分支在一定层面上契合了我国行政体制改革的基本思路,即立足政府内部展开。但实际上,另一更应该引起注意的是,整体性治理以公众需要为依归,评价其有效适用与否的最终主体是公众。在这中西方语境下,情况不同。整体性治理理论衍生地的西方已经基本确立其符合其需要的现代制度,

---

① 杨雪冬:《论治理的制度基础》,《天津社会科学》,2002年第2期。
② 褚松燕:《行政服务机构建设与整体性政府的塑造》,《中国行政管理》,2006年第7期。

这一理论的有效适用具备多元主体要件，这在当代中国是缺失的。而相对于整体性治理，网络治理同时关注了政府、市场与社会之间的"断裂"，并创造条件弥合这种"断裂"以使得多元主体良性互动。网络治理也隐含了多元主体存在的前提。对公共治理理论的有效适用是直接跳过其多元主体这一基石，在一些操作层面作无谓的争论，直至实效性，还是立足当代中国实际直面其关键与保障？

对当代中国而言，一如上文所言，社会转型仍未成功，现代制度建设是根本性的问题，需要认真应对。现代制度建设与公共治理理论有效适用都需要多元主体来完成。企图仅仅从体制内出发，单纯依靠执政党及政府自身推动现代制度建设，推动公共治理理论有效适用，是不现实的。必须寻求公民与社会组织作用的发挥，形成对现代制度建设的有利推动，进而达致公共治理理论的有效适用。本质上，公共治理理论有效适用更多是一个过程，而非结果。利益冲突的普遍存在使得善治更多只是一种愿景存在，而风险社会的事实使得这一目标离我们还很遥远。这种情况下，必须拒斥简单的二分思维，必须认识到公共治理理论是一种过程，其有效适用的过程是现代制度建设的过程，是多元主体成长与成熟的过程。"我们需要放弃测度中国 NGO 在多大程度上还没有实践自主性，转而采取一种更加积极的态度看问题，要关注它们（NGO）在成为一种国家体系之外的推动力方面取得了多大的进展。"[①] 生存于市民社会之中的公民与社会组织是"国家体系之外"的推动力。

---

① 郁建兴、王诗宗：《治理理论的中国适用性》，《哲学研究》，2010 年第 11 期。

第二节 当代中国公共治理理论有效适用之关键
——公民与社会组织的成长与成熟

基于以上的分析,笔者以为,公共治理理论在当代中国具有适用的可能,更具有适用的必要。纠缠于公共治理理论是否具有适用性,不如切实考察与推动其有效适用的要件形成,不如考察如何使之应用于当代中国,使之"中国化"。类似的,衍生于西方的马克思主义在中国生根发芽,得以有效适用。我们知道,西方公共治理的目标在于弥补市场与政府的缺陷,寻求多元主体对市场与政府的超越。而当代中国公共治理理论有效适用的旨趣则在于通过这一过程形成对现代制度建设的推动和促进,而现代制度的逐步确立与完善反过来则有利于公共治理理论的有效适用。网络式的组织结构是公共治理理论有效适用的基本媒介。网络在这里是 network,而非 internet,指的是地位平等的、资源共享的、信息对称的、权力界限清晰但相互联系多向交织的一种立体的、扁平的、多结点紧密互联的合作网络。① 而这种合作网络的基石是多元主体。公共治理理论有效适用的过程就是多元主体协作与共进的过程。公民与社会组织的成长与成熟是公共治理得以运转的基本条件。体制内的制度设置的再完美,如果没有来自外部的压力,能无法得到有效的实施。

---

① 刘霞、向良云:《公共危机治理》,上海:上海交通大学出版社 2010 年版,第12页。

第一,公共治理理论有效适用中的公民。必须认识到,西方世界语境下,公共治理理论是建构在成熟的现代民族国家制度之上的。对民族、民主的基本追求与认可是公共治理理论有效适用的基本前提。成熟的民族与民主理念及其实践亦是推动公共治理理论有效适用的基本因素。因此,在当代中国欲推动公共治理理论的有效适用,首先需要公民对其基本理念的理解与认可。但现实给我们提供了很多这样反面的例证。比如,普遍存在的地域歧视严重影响现代民族国家的构建。再比如,在网络发达、信息爆炸的今天,作为网友交流思想的主要平台,论坛本应提供公民平等交流与探讨、争论的基本渠道,是民主理论的基本试验场,但在那里同样可以看到当代中国民众成熟的民族与民主理念的缺失。很多情况下,对一些社会现象与问题的探讨最终沦为地域攻击与谩骂。成熟的公民是公共治理理论有效适用的关键主体,因为多元主体的任何一个部分归根到底都是由普通公民所组成的。诚然,普通公民毕竟是微小的个体,在强大的公共权力相比毕竟是势单力薄的。那么,公共如何应该如何应对治理时代所带来机遇与挑战呢?可行的办法是,需求依托与生存的社会组织。

第二,公共治理理论有效适用中的社会组织。这里的"社会组织"是指由一定数量的社会成员按照一定的规范并围绕一定的目标聚合而成的社会性群体,是对传统的非政府组织、非营利组织、第三部门或民间组织等称谓的改造。"……在中国问题也许在于'福利国家'还不够,'自由市场'还不够,因此,中国的第三部门一方面当然要认识到市场逻辑与政府逻辑本身的局限性,并有针对性地克服我们特定的'政府失灵'及'市场失灵',但另一方面,也要认识到'政府有效'与'市场有效',并积极地配合第一、第二部门中争取有效政府与有效市场的努力——而这,是西方的第三部门完全不必操心的。"① 从政治统治到公共管理,再到公共治理,是西方公域之治发展的基本历程。当下政治生活中,社会组织渐次成为公共治理理论有效适用的基本主体,其是普通公民表达意愿、维护权利的基本渠道,能够保障公民个体的利益,可以统筹协调各方面利益关系。传统的政治统治与公共管理中,政府发挥着唯一的主导作用,缺少社会的合作和公众的参与。

需要强调的是,此处的"社会组织"是与"政府组织"相对应、与"企业组织"相交织的存在。非社会组织中最为重要的是政府。虽然治理理论"过度亲和后现代主义,很可能染上后现代主义反政治、无政府之类的相关毛病"②,但政府在公共治理理论有效适用中的中心地位是不容置疑的,这在当代中国显得尤为突出。当代中国政治与行政是一元的,同时,"国家中心主义"的历史传统影响甚大,因此,公共治理理论有效适用中最为重要的是执政的中国共产党。

公共治理中,对政治权威与社会权威的强调是基于群体层面作的阐释。公民既可以组成公共治理的主体,又是公共治理的客体。根本上,公共治理理论有效适用需要公民参与的有序扩大。而非协商的公共治理只能停留在表面的和谐状态。有效的治理是协商的产物,对于着眼于政府内部的整体性治理与着眼于政府外部的网络化治理皆是如此。公民参与与协商机制是公共治理理论有效适用的根基。

---

① 秦晖:《传统十论》,上海:复旦大学出版社 2003 年版,第 160—161 页。
② 俞可平:《中国公民社会:概念、分类与制度环境》,《中国社会科学》,2006 年第 1 期。

公共治理理论有效适用之必要、关键与保障 **第四章**

　　首先，公共治理理论有效适用需要公民参与的有序扩大。"公民具有积极、能动的公民资格，他们已经不仅仅是'纳税人'和公共服务的消费者，更是社区公共事务管理的直接参与者，是社区的'治理者'（citizen governor）。"① 西方语境下"统治"向"治理"的转变先被运用于市政学以解决与应对地方和城市的问题，随后上升至中央政府的层面，而后又被运用于国际层面，称为"全球治理"。全球治理可以从外部对当代中国国内政治构成形成影响。发达国家在地方与国家层面都接受了治理理念，练就了治理的行为方式，养成了治理的习惯，并将之应用于国际事务之中。而中国的政府与政治家却在国内没有相应的经历。"政府官员不习惯于其它之中行为体共享权力，与它们建立调和而不是支配的关系，并通过共同的参与、谈判、协调活动来解决共同关系的问题。"② 当代中国政治语境下，政府在公共治理中处于绝对强势的地位，非政府组织的话语权严重缺失，且带有明显的偶然性，制度化色彩单薄。政府与非政府组织力量严重不均衡。而且，政府与非政府组织之间的博弈缺少民众基础，更多停留在利益集体之间。政府与非政府组织在治理中所采取与实施的政策很少对民众直接负责，在西部地区尤其如此。在有些政府部门及其工作人员或非政府组织及其工作人员看来，政策与民众关联不大。这虽然在表面可以一时提高公共治理的效率，却蕴藏了寻租的空间与可能，有时候还为群体性事件的发生埋下了伏笔。因此，公民参与是保证公共治理理论有效适用的根基之一。只有以法治确保公民有序参与到公共治理之中去，才能打破利益分配仅限

---

　① ［美］理查德·C. 博克斯：《公民治理：引领21世纪的美国社区》，北京：中国人民大学出版社2005年版，第3页。
　② 丛日云：《全球治理、联合国改革与中国政治发展》，《浙江学刊》，2005年第5期。

91

于政府与非政府组织之间进行的困境,才能避免群体性事件的发生。

其次,公共治理理论有效适用需要协商机制设置。行为主体的依归在于机制设置。行为主体必须通过机制发挥作用。传统的公共治理有国家、市场与社会等几种模式,其中以国家模式处于核心位置。国家治理模式的协作机制是指令,市场治理模式的协作机制是交换。信任是社会治理模式的协作机制。协商则是网络治理模式的协作机制。诚然,这里的网络治理是基于网络(network)的治理,是"一种全新的通过公私部门合作,非营利组织、营利组织等多主体广泛参与提供公共服务的治理模式"[①]。显然,在公共治理中,协商的多元主体包含有整个社会的各个阶层、各个群体。因此,协商需要政治发展以确保自上而下与自下而上的双重制度性参与。可见,协商的协作机制只能设置在法治与民主的平台上。只有在法治与民主的平台上,政府与非政府组织、民众的行为才可能是规范的,可预知的,治理的多元主体才可能平等地展开协商。而事实上,近年以来市场经济快速发展,市民社会逐渐兴起使得市场与社会的地位不断提高,公共治理取得了一定成绩。比如,20世纪80年代中后期以来,温州地区根据规范市场秩序、协调行业内部竞争的需要,陆续成立了大量的行业协会。政府与非政府组织就诸多治理议题展开了协商。但是,同样不容忽视的是,其典型个案性质明显。企图将地方特色鲜明的个案推广到全国以实现公共治理,几乎是不可能的。而且,我国地域辽阔、人口众多,各个地区的经济社会发展极不平衡,差异巨大。行政层级众多、类型复杂,每个层级的职责权限不

---

① 何植民、齐明山:《网络化治理:公共管理现代发展的新趋势》,《甘肃理论学刊》,2009年第3期。

同、运行方式各异，公共治理理论适用则各有侧重，特点各异。总之，根本上，要想设置切实发挥实际功能的公共治理理论有效适用协作机制必须依靠政治发展，必须依靠法治与民主。通过政治制度化与政治民主化使得公共治理的行为主体成为相互均衡的政治权威与社会权威，真正建立政治权威与社会权威博弈的平台，公共治理理论得以有效适用的协作机制才能得以成功设置。

第三节 公共治理理论有效适用之保障
—— 党的领导

资本主义主导的全球化时代，多元民主和市民社会与新自由主义意识形态密切勾连，直接侵蚀到后发国家的主权地位。而这种勾连又借助后发国家的既得利益集团得以成功谋求政治利益、经济利益及文化利益。这在社会主义的中国体现的尤为明显。公共治理理论有效适用在当代中国存有一个悖论：依靠体制内的力量破解改革的困局是很有难度的。要破解改革困局，需要依靠多元主体，尤其是非政府主体的成长与成熟。而市民社会的兴起又容易被资本主义意识形态所利用，成为危及政权稳定的因素。因此，在公共治理理论有效适用中需要有一个坚强的领导核心，务必拒斥资本主义意识形态，坚守社会主义意识形态。

第一，担当执政责任：党在公共管理理论有效适用中的基本使命。当代中国政治与行政是一元化的。这一背景下，考察公共治理理论有效适用等公共管理领域的问题忽视政治的存在是荒谬的。随着国际化进程的加快，在与国际接轨口号的引导下，很多对公共管理问题的研究有意无意地忽视政治的存在。不从政治语境出发的公共管理研究只能是自说自话。作为公共治理理论有效适用的核心主体，党在其中肩负着基本使命是勇于承担执政责任。在一国政权基本稳定的情势下，公共管理的政治性淡化，而管理性与服务性凸显。但由于当代中国政治与行政是一元化存在，所以，在公共管理过程中必须构建执政责任担当机制。这同样是为公共治理理论有效适用的根本保障。当前，这一机制的基本实现路径是贯彻实施问责制。而问责制最主要的问题在于：

其一，问责什么——问而不责与问而轻责。在当代中国官员问责制实施中，普遍存在着"问而无责"的现象。对官员的问责往往是"雷声大，雨点小"。有时应付民众的质疑而实施的问责，也不过是轻责。颇具影响的上海钓鱼执法案的处理结果是：依照《行政机关公务员处分条例》，给予一名副区长、一名城管局局长行政警告处分。上海市监察局在决定中两次提及"鉴于其主动作出了深刻的书面检查和公开检讨，且在后续的事态平息工作中态度坚决，开展积极有效的工作，可予以减轻处分……"而事实上，该事件曾经历两次调查。最初是由上海浦东城管局自己调查，经多方质疑后才有了第二次的联合调查。足见决定的说法之牵强。

其二，问责谁——上责下摊与问责不清。问责制的实施过程，"问责谁"是个重要而又关键的问题。实践中存在上责下摊与问责不清的现象。比如2011年5月5日，河南洛阳当地媒体曝光了瀍河回族区、涧西区等4个区部分路段垃圾积存问题，洛阳市优化办责成各相关区对相关责任人进行问责。结果，行政问责中出现了尴尬一幕:两位作为领导干部被问责免职的"环卫队长",竟是普普通通的环卫工人。^① 问题出现了到底是应该由谁来承担责任成为一个纠缠不清的问题。究竟问责谁的问题还体现在问责不清上。可以具体分为:由于上下级权责不清晰、领导之间权责不清晰所导致的问责不清。

其三,问责之后——不规范地复出。2011年11月,因宜黄自焚事件被免职的江西宜黄县委书记邱建国、县长苏建国获新的岗位任命。2012年1月,曾因上海"11·15"大火撤职的原上海市静安区委副书记、区长张仁良和原副区长徐孙庆,悄然复出。统计显示,因问责制下台的官员基本上都会不规范地复出。现今成为普遍状态的是,问题官员被免职的一两年里,工资照拿,级别照享,相当于带薪休假。问责制在这里变成了对责任的逃避,根本谈不上对责任的担当。

第二,核心主体:党在公共治理理论有效适用中的基本定位。核心使得责任的担当成为必要。坚持共产党的领导是历史的选择,是人民的选择。承载历史与人民重托的共产党必须担当执政责任以获取不竭的合法性。作为传统社会管理模式的补充,"治理"依附于"统治",本质上是个政治概念。这从其基本含义可见一斑。R. 罗茨归纳给出治理的六种形态,分别为:作为最小国家的治理、作为公司治理的治理、作为新公共管理的治理、作为"善治"的治理、作为社会—控制系统的治理与作为自组织网络的治理。^② "作为最小政府的治理"背后的价值底蕴是新自由主义意识形态,意识形态隐匿其中的还有"作为新公共管理的治理"等。这从一个侧面向我们昭

---

① 蔡拓:《全球治理的中国视角与实践》,《中国社会科学》,2004年第1期。
② Rhodes, R. *Governance and Public Administration*, in Pierre, J. (eds), Debating Governance, New York: Oxford University Press, 2000: 54-90.

示，当代中国需要一种有别于西方主流全球治理理论的特殊理论视角。具有极强实践性的公共治理必须与治理的实施主体所在环境实际情况紧密联系，因此，中国的公共治理研究需要给予中国的公共管理和社会环境足够的重视。① 当代中国公共治理理论有效适用最根本的因素应该在于党作用的有效发挥。公民与社会组织的成长与成熟需要党在认清自身基本定位基础上的引导与扶持。

任何主体都不可能长期拥有某种核心优势资源。在推进公共治理理论有效适用的当下，为了保障党合法性，必须担当执政责任，当务之急是为完善问责制。这里无意也无力基于问责制内部来探讨完善的路径，这是现有研究的基本思路。笔者以为，完全立足于制度内部是无法有效地达致完善的。可能的路径在于，成熟的公民与社会组织形成对问责制贯彻与实施的有力监督，对执政党担当责任的有力监督。而对于问责制内部的细节性完善则属于大方向之后的具体修复。总之，笔者这里意欲强调指出的是，党在公共治理理论有效适用中的"核心"主体地位，实质上是对公共治理理论缘起之资本主义意识形态性的拒斥，是当代中国公共管理之社会主义性质的坚守。这是原则性问题，亦使得执政责任变得无从推卸。在此之后，多元主体之一的角色定位更加使得共产党对责任的担当成为可能。传统社会中，国家吞噬社会，公共权力几乎完全处于不受监督的状态。公共治理理论有效适用使得这一局面被彻底打破。问责制的实施会有公民与社会组织的监督与制约。在公共治理理论有效适用的压力之下，同时亦有全球治理的外部压力，党只有担当执政责

---

① 《"问责领导干部"竟将板子打到普通职工身上》，《工人日报》，2011年5月26日，第1版。

任，才能与公民、社会组织形成良性互动，才能获取维系执政合法性的资源。

　　传统的二分思维之下，只有在要件得以全部满足的情况下，公共治理理论才能有效适用。在这一思维的影响之下，得出公共治理理论不能适用、无法"移植"的结论不足为怪。而按照这种思维，马克思主义同样亦不能适用于中国。因此，笔者认为，纠缠于要件的绝对满足无益于公共治理理论的有效适用，更加使得现代制度建设与完善缺乏推动因素。"要了解哪些因素可以产生作用，而不是纠缠于那些治理的障碍。"[①]

[①] 王诗宗：《治理理论及其中国适用性》，杭州：浙江大学出版社2009年版，第142页。

第五章 公共治理理论有效适用的目标、根基与可行路径

- ◆ 第一节 目标与指向：当代中国政治语境公共治理理论有效适用的旨归
- ◆ 第二节 均势与秩序：社会主义民主政治发展与公共治理理论有效适用
- ◆ 第三节 结构、方式与责任：公共治理理论有效适用的可行路径

> "致力于摆脱作为社会治理模式的代议制民主的困境……再造民主政治生活",是始于20世纪70年代以来"治理革命"的使命。多中心治理是治理革命的"元叙事"。① 公共治理理论有效适用实质就是发挥多中心行为主体在公共治理中的作用。当代中国政治语境,全能主义依旧是主导政治生活的主流理念,意图使得公共治理理论有效适用,必须推动民主政治发展。只有公共治理理论有效适用与民主政治发展相互促动、和谐共进,才能化解社会冲突。而社会冲突的应对与化解需要共识的肯认与生成。共识的肯认与生成需要政府的回应。而政府的有效回应需要公民与公民社会的监督与制约。

---

① 孔繁斌:《公共性的再生产——多中心治理的合作性建构》,南京:江苏人民出版社2008年版,"作者的话"第1页。

第五章 公共治理理论有效适用的目标、根基与可行路径

第一节 目标与指向：当代中国政治语境公共治理理论有效适用的旨归

不同的学者基于不同的视角对政治发展有不同的解读。诚然，他们在将政治发展划分为描述性概念与目的论概念上存在基本共识。在此基础上，政治发展被理解为包含政治制度化水平提高、政治参与增加、政治决策科学等等的复杂整体性概念。不过，不论哪种政治发展界定路径都无法忽视一个事实：现实生活中，冲突是不可避免的。这一点在当代中国体现得尤为明显。公共治理理论有效适用的本质与核心在于多中心作用的有效发挥。当代中国，这需要民主政治发展的推动。当代中国公共治理理论有效适用的过程就是推动民主政治发展的过程。

其一，冲突之缘起：当代中国公共治理理论有效适用的目标定位。西方社会学家对社会冲突的缘起作了多重视域的解读。"现代的社会冲突是一种应得权利和供给、政治和经济、公民权利和经济增长的对抗。""冲突是由于权力分配引起的，而不是由于经济因素引起的。"[①] 冲突发生的根本原因在于旧有社会秩序的崩塌所引致的社会群体利益对立。"系统中的被统治群体越是意识到其机体利益并怀

---

① [英] 拉尔夫·达仁道夫：《现代社会冲突——自由政治随感》，林荣远译，北京：中国社会科学出版社2000年版，第3页。

疑稀缺资源分配的合法性，他们就越有可能参加针对这一体系的统治者的冲突。"①

当代中国，国家与社会之间没有明确的界限，国家依然可以不断入侵社会，以"合法"的方式掠夺公民与公民社会的正当利益，有意无意地忽视公民利益与公民社会利益诉求，引发了诸多的社会问题，带来了严峻的社会冲突。但维稳式的政治秩序稳固方式只能是指标不治本，且会使得公共权力以新的借口与理由侵蚀公民利益与公民社会利益，从而使得社会冲突不停地以各种形式重演，并不断累积。近年来，因各种社会矛盾引发的群体性事件增长速度呈显著上升趋势。社会存有冲突本应是常态现象，并不可怕，可怕的是，由于未能对冲突之原因、性质采取客观的认识进而无法有效应对冲突，逐渐使得冲突固化，成为一种"正常"现象。当代中国，民众中开始出现甚至有些地方弥漫着这种情绪：一来认为群体性事件见怪不怪，对之习以为常；二来觉得只要不发生在自己身上，就事不关己。长此以往，群体性事件逐渐不再引起人们的强烈关注，对于从制度上加以解决群体性事件亦逐渐冷漠与不抱希望。诚然，这可以从一个层面解释中国为什么具有"超稳定结构"，但同时这也让我们深深地体悟到"发展的幻象"。当代中国，公共治理理论试图借由多中心治理以化解政府一家独大的传统治理模式。

其二，冲突之走向：当代中国公共治理理论有效适用的目标取向。社会冲突有破坏作用，"马克思认为冲突最终会变成革命性的和暴力性的，并导致体系的结构性变迁"②。同时，社会冲突也有"一

---

① [美] 乔纳森·特纳：《社会学理论的结构》（上卷），邱泽奇等译，北京：华夏出版社 2001 年版，第 164 页、第 168 页。
② 同上。

致"的功能。"冲突可能有助于消除某种关系中的分离因素并重建统一。在冲突能够消除敌对者之间紧张关系的范围内,冲突具有安定的功能,并成为关系的整合因素。"① 在社会冲突事实普遍存在的当代中国,学理上对社会冲突功能界分的意义远小于对其走向厘定的意义。换句话说,我们到底意欲使社会冲突走向何方是更加迫切需要关注的问题。

从应然的视角看,公共治理理论有效适用中的冲突应有利于维系既有政治秩序,有利于社会朝着一致方向发展的冲突。相应的,只有有利于"一致"的冲突才是符合公共治理理论有效适用要义的冲突。"一致与冲突,都是社会存在的两种基本动力。稳定与变迁,是社会存在的两种基本形式。冲突是社会结构固有成分;冲突引起社会变迁,社会变迁排除冲突的消极影响。"② 冲突走向一致的过程是在现有政治制度基础上,多中心行为主体调和相互冲突的利益,并采取联合行动的持续的过程。这一过程同时是现有政治秩序基础之上的民主政治发展过程。

无论是过程意义,还是结果意义,公共治理理论的有效适用不能建立在空中楼阁之上。公共治理理论的有效适用只能依靠政府、私营部门、第三部门、公民等行为主体。而对多元行为主体的依仗并非代表着公共治理理论有效适用的指向在于维护其单独的利益诉求,虽然这些利益诉求同样亦是必须关注的焦点之一。"治理的目的是在各种不同的制度关系中运用权力去引导、控制和规范公民的各

---

① [美] L. 科塞:《社会冲突的功能》,孙立平等译,北京:华夏出版社1989年版,第67页。
② 宋林飞:《西方社会学理论》,南京:南京大学出版社1997年版,第321—322页。

种活动,以最大限度地增进公共利益。"① 不过,对公共利益做简明扼要的界定是十分不容易的。典型的定义如:"公共利益是指在特定的社会历史条件下,从私人利益中抽象出来能够满足共同体中全体或大多数社会成员的公共需要,经由公共程序,并以政府为主导所实现的公共价值。"② 这一典型定义统合的"公共利益"之要件有:"特定的社会历史条件"、"私人利益"、"共同体"、"公共需要"、"公共程序"、"政府主导"、"公共价值"等,足见内涵之复杂。而且,对公共利益真切的感受更明显与突出地体现在现实生活中。这里无意亦无力介入公共利益内涵界定的争议,只是试图立足当代中国实际,通过拒斥与实现公共利益相背离的现象来彰显对其的理解与认知。虽然这不带有全面性,无法面面俱到,却具有紧迫性,具有现实意义。

其一,不能以个人利益、群体利益吞噬公共利益。实现公共利益是当代中国公共治理理论有效适用的指向。公共利益观念决定了公共治理理论适用的走向。"探讨公共利益的观念并不只是一种有趣的学术追求。我们对治理和公共利益的思考方式规定了我们的行为方式。"③ 从应然角度来看,当代中国秉持与践行社会主义的价值理念,将有助于实现个人利益、社会利益与国家利益的统一。但是,在政府依然为治理的绝对主导性主体的情势下,以公共利益名义出现的实际上往往是政府利益。而政府利益最终的落脚点是个人利益和群体利益。

---

① 俞可平主编:《治理与善治》,北京:社会科学文献出版社2000年版,第5页。
② 张方华:《公共利益范畴的歧义性与准确界定》,《云南行政学院学报》,2010年第4期。
③ [美]珍妮特·V. 登哈特、罗伯特·B. 登哈特:《新公共服务:服务,而不是掌舵》,丁煌译,北京:中国人民大学出版社2004年版,第65—71页。

改革开放以来,特别是近年以来,将权力转化为利益资源的行为不再仅仅是个人行为,政府及与其他相关利益群体共同进行的团体行为也屡见不鲜。由于路径依赖的存在,既得利益群体凭借手中的权力试图将以个人利益、群体利益吞噬公共利益制度化、法治化,这将进一步危及公共治理理论有效适用,甚至影响到当代中国改革的推进。以个人利益、群体利益吞噬公共利益成为公共治理理论无法有效适用的基本阻梗。

其二,不能以意识形态之争掩盖利益之争。当前,掌握着大量资源的既得利益群体"巧妙"地将利益之争转移为意识形态之争。"当改革的具体做法或者经济工作出现失误,群众的利益受到某些损害,而群众又误认为是改革损害了他们的利益因而对计划经济时代产生某种'怀旧'情绪的时候,他们往往不自觉地变成保守倾向的支持者;而保守力量这时又因为自己的某些主张获得了群众的共鸣而活跃起来,对改革采取一种进攻的姿态。"[1] 通过将实质上的利益之争转移到意识形态之争上,使得普通民众对问题本质的认识产生偏差,进而受到蛊惑、引导,被利用作为谋取个人利益、群体利益的工具。比如,在如下问题上,人们存在分歧:"行政审批要不要尽量减少,利率要不要逐步放开,汇率要不要实现并轨;商品价格和要素价格应不应该在条件具备时果断地放开;国有企业的改革应当以放权让利为核心还是以制度创新为基础……"[2] 而这些问题的形成不排除其中有认识上的分歧,但更大层面上是利益之争。当代中国,这些分歧及争论通常以意

---

[1] 吴敬琏:《呼唤法治的市场经济》,北京:生活·读书·新知三联书店2007年版,第16页,第17页。

[2] 同上。

识形态之争的方式,以"要不要改革"、"要什么样的改革"等形式来体现,其背后根源是不同利益群体对利益的争夺。对于可以从传统计划经济中获利的群体,以及可以从体制间隙和漏洞中获利的群体来说,回到原有体制和保持现有体制,是他们的追求。在传统计划经济体制下,政府是绝对的治理主体,其他个人与组织完全被政府所统摄。在现有转型体制下,虽然公民社会逐渐成长,却非常不成熟,而且保证公民社会成长与成熟的法治民主体制未能得以有效建立与健全,多中心这一公共治理理论有效适用的核心要件自然无法有效形成。

如何破解公共治理理论有效适用的阻梗,促进公共利益的实现,是摆在面前的一个迫切任务。试图从一元主体的角度,仅仅依靠政府来完成这一任务是不现实的。① 这已为现实所证实。公共治理理论有效适用的核心要件是多中心作用的发挥。要使得多中心作用得以有效发挥,基本前提是多中心之间是均势的。只有多中心行为主体均势,才能使得公共治理理论有效适用成为可能,才能实现公共利益。

---

① 李景鹏教授将"增强各级政府政策公共性的对策"归结为最大限度地削减政府微观管理的权力;加强政府部门之间的制约;进行行政伦理建设;加强上级对下级的监督;尽可能加强人大对政府的监督;改革税制;实行财产公示制度;实行人民群众评议政府制度;允许媒体监督政府;改革政府采购制度、审批制度、政务和信息公开制度等等。虽然这些对策在某些方面一定程度上已经得到了实践,但令人遗憾的是,实践往往是应景式的,且主动权完全掌握在政府手中,何时实行,怎么实行,甚至实行的结果都由政府决定。这导致了民众对政府的不信任逐渐增强。即便政府真正强了政策的公共性,也很难获得民众的信任。在处理与民众的关系时,政府会始终抱有控制的意识(虽然不一定一直采取控制的手段),这对于整个社会的和谐发展是非常不利的。参见李景鹏:《论政府政策的公共性》,载徐湘林主编:《中国国情与制度创新》,北京:华夏出版社2004年版,第11页。

第二节 均势与秩序：社会主义民主政治发展与公共治理理论有效适用

公共治理理论有效适用的核心机制是基于信任的合作，而非控制。信任与合作是多中心行为主体有效行为的基本机制。而合作与单纯的社会协调活动是不同的。① 在公共治理理论有效适用中，平等是基本取向。但国内学界对公共治理理论之"治理"与传统使用的"政府治理"时常混淆使用，将前者仅仅看作是政府治理的基本手段与工具，这是与公共治理理论的基本价值理念相违背的。当然，我们依然需要指出的是，公共治理理论有效适用离不开政府主导作用的发挥，尤其是在当代中国。

其一，当代中国公共治理理论有效适用的均势主体：政府、私营部门、第三部门、公民。"……无政府固然是事实，但无政府状态事实上并不存在。"② 亚当·斯密对政府基本职能的界定是：保卫本国社会不受其他独立社会的侵略与欺侮；尽可能保护社会所有成员不受其他成员的欺侮或压迫，即设立严正的司法机构；建立和维持

---

① 孔繁斌：《公共性的再生产——多中心治理的合作机制建构》，南京：江苏人民出版社2008年版，第63页。
② [美]詹姆斯·N.罗西瑙主编：《没有政府的治理》，张胜军等译，南昌：江西人民出版社2001年版，第3页。

某些对于一个大社会当然是有很大利益的公共机构和公共工程。① 政府如若做不到以上几点，就是失职，就是对公共治理理论有效适用的阻梗。

同时，政府不能垄断一切合法的权力。政府之外，私营部门、第三部门、公民也可以亦应该承担起维持秩序，参与经济与社会管理的职责。治理绝非政府的专利，私营部门、第三部门、公民都可以进行治理。公共治理理论的有效适用就是要"重新塑造公共服务，以便使政府能够集中处理服务管理和协调的事务，而由那些私有的、营利的或非营利的组织去从事具体的服务活动"②。发挥政府、私营部门、第三部门、公民的多中心作用是公共治理理论有效适用的要义。有效公共治理的能力并不在于政府权力。政府应该做的是运用新的工具和技术控制和引导私营部门、第三部门、公民去治理，这是政府的能力与责任所在。需要注意的是，此处的私营部门、第三部门、公民作用发挥不是通过控制实现的，而必须是借助合作形式。公共治理理论之"治理"与我国社会生活中存在的"社会治安综合治理"之"治理"是根本不同的。"社会治安综合治理"之"治理"是控制基础之上的协调。

其二，当代中国公共治理理论有效适用的均势保障：法治与民主。公共治理理论有效适用就是指多个权力中心治理公共事务，提供公共产品与公共服务，实现公共利益。因此，去中心化是公共治理理论有效适用的要件之一。中心地位的祛除意味着利

---

① [英]亚当·斯密：《国富论》，唐日松译，北京：华夏出版社2005年版，第507页、第508页、第516页。

② [美]海伦·英格兰姆、斯蒂夫·R. 史密斯：《新公共政策——民主制度下的公共政策》，钟振明、朱涛译，上海：上海交通大学出版社2005年版，第1页。

益结构的调整，会使得既得利益群体产生抵制，进而使得改革过程变得艰辛与复杂、反复。这从一个侧面印证了当代中国改革，尤其是政治体制改革的事实与现状。而要保障当代中国公共治理理论有效适用之多中心行为主体均势的生成首先需要施行的是法治。

法治关涉到对公共治理之主体是"一视同仁"还是"区别对待"，民主关涉到公共治理之主体关系的构建是"一步到位"还是"循序渐进"。诚然，对于"一步到位"究竟到哪里，人们还有争议，但对于如下事实在当代中国的存在，应该不会有不同的声音："如果说以市场经济体制的确立为标志我国在经济发展领域已取得了实质性突破的话，那么在政治发展方面则相对滞后，腐败现象猖獗而尚未得到有效的抑制，权力制约没有取得结构性突破，决策民主化缺乏具体的制度安排，党群和干群关系趋于紧张，政治调控机制衰变与老化，公共权力的越位和缺位凸现。"这些不能不说与"民主不够和集中不够并存"[①] 有着密切的关系。公共治理理论的有效适用只有在法治与民主的条件下才能真正实现。西方发达国家语境下，公共治理理论的兴起与人们对代议制民主的批评有关。"精英主义、新保守主义和多元主义有许多一致的信念和共同点，例如它们都认为公民个人在民主体制中的可能作用是微弱的……"[②] 但公共治理理论还不至于成为代议制民主的替代——这也并非它的追求。在民主理论上，公共治理理论的贡献更多体现在它对参与式民主的强调与检验。

---

① 胡伟：《总序》，载陈尧：《新权威主义政权的民主转型》，上海：上海人民出版社2006年版，"总序"，第1页。
② 王诗宗：《治理理论及其中国适用性》，杭州：浙江大学出版社2009年版，第69页。

这与当代中国在民主问题上的现实诉求有契合之处。

"秩序既是政府统治的前提条件又是政府统治的结果。它们之间不存在孰先孰后的问题,它们互为解释。没有秩序就没有治理,没有治理也没有秩序(除非一定时期的混乱也被认为是秩序的某种形式)。"① 治理是意向性基础之上的秩序建构。此处的"意向性"指称"以何为指向"、"何种关系的行为主体"从事建构。

其一,当代中国公共治理理论有效适用的秩序:现代性与后现代性双重意义上。西方适用公共治理理论的前提是经历了市场失灵与政府失灵。更进一步的前提是市场经济体制与现代民族国家制度的建成。而当代中国是在社会主义市场经济体制不健全的"市场失灵"与社会主义法治民主不健全的"政府失灵"基础之上推动公共治理理论的有效适用。我们在未能充分经受现代化的洗礼之时被"抛入"了后现代。这同时也是治理理论给予我们的基本启示——"治理理论体现了现代性与后现代性的某种交融。"②

现代性意义上,当代中国公共治理理论有效适用的过程中至少需要同时积极促进现代民族国家制度的建成,其中包含有建立与完善现代官僚制、建立与健全法治与民主制度、引导公民社会成长与成熟、维护国家的主权和领土完整③等等。而在后现代性意义上,公共治理理论的有效适用蕴含着对代议制民主的批判,意味着对官僚

---

① [美]詹姆斯·N. 罗西瑙主编:《没有政府的治理》,张胜军等译,南昌:江西人民出版社 2001 年版,第 8 页。
② 郁建兴、刘大志:《治理理论的现代性与后现代性》,《浙江大学学报(人文社会科学版)》,2003 年第 2 期。
③ 当代中国公共治理理论有效适用同样需要外部环境的支持,全球化、网络化与社会转型形成了较强的压力与挑战。如何使压力与挑战转变为机遇是对当代中国,尤其是执政党的重大考验。鉴于这一问题不是这里考察的内容,故不展开分析。

制的超越。治理理论全球范围的适用更带有消解主权国家的色彩。如何处理好现代性与后现代性之间的关系,是当代中国公共治理理论有效适用之秩序建构首先需要应对的课题。笔者以为,在全球化背景下,公共治理理论的适用已经成为既定事实,回避不是理性的选择,也不现实。而公共治理理论有效适用的基础同样亦是不能回避的。可能的选择只能是从双重意义上推进当代中国公共治理理论的有效适用。同时,在一定意义上,当代中国公共治理理论有效适用的过程也是对其要件建成的倒逼。

其二,当代中国公共治理理论有效适用的秩序:多重途径的建构。一如前文所指,当代中国公共治理理论有效适用具有现代与后现代双重意蕴。"现代性孕育着稳定,而现代化过程却滋生着动乱。"① 当代中国要想成功应对来自现代化转型的压力与挑战,有效适用公共治理理论,建构稳定的秩序,可能采取的基本途径有政府管理、公民社会、合作网络②等。

其中,将政府管理等同于治理的途径认为,政府治理具体分为作为最小国家的管理活动治理、作为新公共管理的治理、作为善治的治理。这种途径建构的秩序是带有明显西方自由主义色彩的,未能对后发展国家的实质作出准确地把握,最终有背离原有治理目标

---

① [美] 塞缪尔·P. 亨廷顿:《变化社会中的政治秩序》,王冠华等译,北京:生活·读书·新知三联书店1989年版,第38页。

② 英国学者罗伯特·罗茨则将"治理的用法"归结为六种:作为最小的国家、作为公司治理、作为新公共管理、作为"善治"、作为社会—控制系统、作为自组织网络。政府管理途径的治理主要是指作为最小国家的治理、作为新公共管理的治理与作为"善治"的治理;公民社会途径的治理主要是指作为自组织网络的治理;合作网络途径的治理主要是指作为社会—控制系统的治理。参见俞可平主编:《治理与善治》,北京:社会科学文献出版社2000年版,第86—96页;陈振明主编:《公共管理学——一种不同于传统行政学的研究途径》,北京:中国人民大学出版社2003年版,第81—88页。

的风险。社会自组织途径认为,治理是公民社会的自组织网络,是公民社会在自主追求共同利益的过程中创造的秩序。必须坚定不移地引导公民社会的成长与成熟。这在具有悠久专制主义传统的当代中国更加重要。但是,同样不容忽视的是,公民社会的成长与成熟需要现代民族国家的建成作为支撑。理想状态是两者的良性互动。良性互动的具体承载是网络途径。网络途径的治理要求对政府干预的范围与形式作出准确界定,促动政府、私营部门、第三部门、公民通过合作利用市场或准市场的方法提供公共产品与公共服务。这一途径强调社会自组织能力及社会与公共权力之间平等的法律地位,其可以通过民主对公共权力形成有效制约。这从一个侧面体现出秩序与指向、均势的密切勾连关系。

当代中国依然施行的是治理的国家模式。个人、群体通过控制施行的国家模式来谋求利益,形成既得利益群体。该模式下,既得利益群体还可以利用掌握的资源,借助意识形态之争转移民众对利益之争实质的关注。这是对当代中国公共治理理论有效适用之指向——实现公共利益的偏离。公共利益的实现需要多中心行为主体均势。当前,实质上仍未真正达到多中心行为主体均势。偏离指向与未竟均势使得治理秩序建构意义显著。而秩序的建构关系到公共治理理论适用的未来指向与均势走向。指向、均势与秩序在逻辑上是相互关联的。

一般认为,"治理危机"首先出现在世界银行对非洲情形的描述中。此后,特定含义的"治理"被广泛地应用于政治发展研究之中,特别是被用来描述后殖民地和发展中国家的政治状况。[①] 可见,自缘

---

① 俞可平主编:《治理与善治》,北京:社会科学文献出版社2000年版,第1页。

起之日，公共治理理论的有效适用就与后发国家的政治发展密切勾连。无视这种关系的公共治理理论有效适用研究只能陷入空谈。这从一个层面也揭示了当前国内公共管理学研究的悖论：表面上火热，但实际上实用性较差。这里对当代中国公共治理理论有效适用之指向、均势与秩序的研究既是出于对公共管理学科政治学基础的强调，也是试图在学术研究上对偏差研究倾向的纠正。

第三节　结构、方式与责任：公共治理理论有效适用的可行路径

当代中国学术界对公共治理理论的考察有如下情况：其一，有研究者认为，公共治理理论之有效适用可以从该理论衍生的西方语境来认知。在西方语境下，需要在满足一些基本条件之后，公共治理理论才可以得以有效适用。这些条件包括成熟的市民社会、健全的民主与法治制度等等。正是从这些条件出发，该研究取向认为，公共治理理论根本无法在当代中国有效适用。相应的，与公共治理理论密切勾连的市民社会理论、民主与法治理论都是无法适用于当代中国的。其二，有研究者认为，公共治理理论可以在当代中国得以适用。但对于如何适用却语焉不详。这反映出当代中国学术研究的一种研究取向：谁能更快地翻译西方学术的前沿，并用代表前沿的生搬硬套的话语体系解释中国现实，谁就是"先进"、"领先"。而对于"前沿"、"话语"的真实意指，特别是"中国现实"宏观层面

的真实情况,则关注不足。① 这样容易使得公共治理理论的实践带有个案性质,偶然性明显,更加难以推广。笔者以为,基于当代中国现实考察结构、方式与责任是推进公共治理理论有效适用的基本步骤,是对当代中国公共治理理论有效适用研究偏差取向的纠正。

一、当代中国公共治理理论有效适用的结构：主体与设置

公共治理理论有效适用的最核心诉求是权力的多中心化。相应的,导致主体多元化、方式多样化与责任模糊化。公共治理理论有效适用的结构是由多元主体及其设置组合而成。"社会结构不是社会生活本身。它是在某一历史阶段中占主导地位的形式化、社会化的人与人之间关系的总和。"② 笔者以为,公共治理理论有效适用的结构首先是指公共治理主体的基本组成,其次是指这些主体之间关系的基本设置。

第一,结构之主体：多元主体。上文谈到,公共治理理论的最核心诉求是权力的多中心化。多元主体是公共治理理论有效适用核

---

① 诚然,不否认学界从基层与微观层面对治理理论适用之中国现实的解读,已经取得了一定的成绩。同样不容忽视的是,学界缺少对县及以上层面治理理论适用的考察,为数不多代表性的作品有毛寿龙的《现代治道与治道变革》(《南京社会科学》,2001年第9期)、何增科的《治理、善治与中国政治发展》(《中共福建省委党校学报》,2002年第3期)、杨雪冬的《市场发育、社会生长和公共权力构建：以县为微观分析单位》(河南人民出版社,2002年版)、孙柏瑛的《当代地方治理：回应21世纪挑战》(中国人民大学出版社,2004年版)、燕继荣的《治民·治政·治党——中国政治发展战略解析》(《北京行政学院学报》,2006年第1期)等等。而且,对基层治理的研究由于脱离了宏观层面的支撑与呼应而经常落于失败,这可能也是有些学者在研究基层治理之后转而研究更为宏观层面问题的缘由。

② 金观涛、唐若昕：《西方社会结构的演变》,成都：四川人民出版社1985年版,第126页。

心之核心。社会结构的基本依托是人及其依附的组织。社会转型是社会结构替代的过程。而社会结构替代需要多元主体。多元主体主要有政府(在不同政治语境下,"政府"有不同的展示形态。诚然,就公共治理理论理论衍生来看,用"政府"一词是必要而恰当的)、执政党及公民(其中有公民代表、政治家等不同界分,而他们首先是公民)。首先,当代中国公共治理理论有效适用结构中首要主体是执政的中国共产党。当代中国政治语境下,公共治理理论有效适用的基本现实是高度一元化的政治与行政。因此,基于执政的中国共产党来考察公共治理理论有效适用是基本立足点。诚然,上文已经论及,政府是公共治理理论衍生的基本载体。西方语境下,公共行政经历了从统治到管理、再到治理的变迁历程。在政治与行政二分的局面下,政府是承载公共行政变迁的绝对主体,经受了公共行政变迁的全过程。这是与当代中国局面不同的。其二,公民与社会组织是公共治理多元主体之一。治理与统治、管理最本质的区别在于主体的类型与性质。传统公共行政中,特别是统治语境下,政府是绝对主体,甚至是唯一主体。而治理时代,虽然依然需要权威,但政府已经不是唯一的权威主体了。互动式的关系取代了原有的自上而下的关系。但这是应然状态。国内的公共治理理论研究对此有充分关注和阐释。而对于如何面对现有治理环境,破解治理困局,鲜有论述。我们知道,在高度一元化的当代中国中,国家权力一直处于强势地位,对社会有广泛而又全面的渗透。这使得公共治理出现如下困顿局面:一方面,由于作为多元主体主要一级的公民与社会组织缺乏自组织的能力,对公共治理理论的有效适用缺少基本的共识理念与驾驭能力,"统则死,放则乱"时常出现。另一方面,"从主体在合作中的地位和作用来看,中国式的合作治理表现为市场和社会围着政府转、地方政府围着中央政府转、下级政府围着上级政府转的集中化、主导型治理格局"①。这种治理格局具有行动效率高、协调能力强等优点，但亦有脆弱性强、替代性差等弱点。特别是在公民与社会组织缺乏自组织能力的情况下，治理的核心与压力全部集中于中央，容易滋生权力匮乏与失效的局面。往往会产生中央在公共治理过程中力不从心、大而失当。总的来看，当代中国公共治理理论有效适用的基本结构是"党委领导、政府负责、社会协同、公众参与"。这是与国情基本吻合的。但同时，如果要成功实现公共治理理论的有效适用，必须使得无限泛化的国家权力得到控制，使社会的自组织能力得以提高，使国家与社会在法治与民主的结构设置内运行。

第二，结构之设置：法治与民主。法治与民主是使多元主体得以有效行为的基本设置工具。绕过法治与民主奢谈公共治理是没有意义的，最终只能使得公共治理成为统治与管理的翻版。公共治理理论有效适用应该是包含有如下指向：（1）法治，保障公民权利不受公共权力的侵害；（2）公共部门管理，改善公共物品和服务提供的有效性与公平性；（3）政务信息公开，使得公民能够有效地参与公共政策过程；（4）政治合法性，促进公民的政治认同和集体行动的多样性；（5）对人民负责，满足市民社会日益增长的公共需求。②可见，其中最核心的应属法治。如果缺失法治，其他几点都会成为空谈。现代社会，法治是对公共权力的规约，是对公民基本权利的保障。法治是公共治理结构设置的基本工具之核心。现代意义上的

---

① 麻宝斌等：《十大基本政治观念》，北京：社会科学文献出版社 2011 年版，第 237 页。

② 张昕：《转型中国的治理与发展》，北京：中国人民大学出版社 2007 年版，第 25 页。

法治"是一种治理状态或秩序,在这一治理状态中,存在着法的普遍性和有效适用性,法律之于政府权力具有优先的、至上的权威。或者说,政府应由法律规则并服从法律,最终使公民的自由权利得到维护、保障并扩大"①。随着法治的建立与健全,对公民基本权利保障的完善,公民与社会组织逐步得以成长与成熟,民主化的要求自然会逐渐扩张开去。这说明民主是个渐进的过程。当然,民主同时是个不能阻挡的过程。这里无意也无力对民主作过多解读。这里想说明的是,公共治理理论有效适用的过程必将是民主不断扩大的过程。公共治理的基本要义是多元主体的平等参与,这与民主的含义是吻合的。而公共治理理论有效适用的结果是民主治理,"意味着:(一)人民的人权和基本自由受到尊重,容许他们有尊严地活着;(二)人民在影响他们的生活的决策中享有发言权;(三)人民能够使决策者为其决策负责;(四)处理社会互动行为的规则、制度和惯例具有包容性而且公正;(五)在公私生活领域和决策中,妇女和男子是平等的伙伴;(六)人民免受局域种族、民族、阶级、性别或其他任何形式的歧视;(七)当前政策反应后代发展的需求;(八)经济和生活政策符合人们的需要和愿望;(九)经济和社会政策致力于消除贫困,并扩展所有人在其生活中的选择"②。总之,民主是法治的基本指向,法治是民主的基本保障。在法治与民主得以不断完善的语境下,对公共治理理论有效适用的论证将实现由制度层面向技术层面的转变。到那时,当前国内学术界对公共治理理论当代中

---

① 张成福:《面向 21 世纪的中国再造基本战略的选择》,《教学与研究》,1999 年第 7 期。

② 联合国开发计划署编写:《2002 年人类发展报告:在破碎的世界中深化民主》,北京:中国财政经济出版社 2002 年版,第 3 页。

国适用性具体策略研究的意义才能得以充分彰显。这从一个侧面反映出当前国内学术界普遍存在的后现代主义研究倾向。

这里将多元主体确定为公共治理理论有效适用结构之根本,意欲指出,即便在初期结构设置是以不法治与不民主的形式进行的,随着多元主体的不断成长与成熟,结构设置的形式也会发生逐渐的转变。法治与民主会渐次成为多元主体的基本诉求,除非该社会不是以良性发展为基本旨趣。

二、当代中国公共治理理论有效适用的方式:整体性治理与网络化治理

公共治理理论有效适用的核心在于多中心的权力。对于权力的多中心化有多种划分方式。比如,体制内部与体制外部之分,政府内部与政府外部等。笔者以为,公共治理理论是以政府为元治理主体的理论形态,所以在对多中心权力作出划分时基于政府进行是可行的。以政府为基点,这里截取了当前颇具影响的整体性治理与网络性治理作为公共治理理论有效适用的两种方式加以论述。试图通过这一过程来阐释其中应该注意的问题。[①] 诚然,由于当代中国政治与行政高度一元化,故此,这里的"政府"包含有执政党的意味。

其一,整体性治理:基于政府内部的公共治理。所谓整体性治理,是指面对过去政府功能过于分化所产生的协调不良、沟通不易、资源浪费、无法根本解决人民及社会重要问题的缺失,强调在不可避免的专业分工下,要运用预算、管理技术及信息科技,将不同层级、不同

---

① 刘波、王力立、姚引良:《整体性治理与网络治理的比较研究》,《经济社会体制比较》,2011年第5期。

功能以及公私部门整合起来,提升提供无缝隙服务的能力。① 整体性治理主要是发源于以英国为代表的西方各国。英国布莱尔政府出于对官僚制缺陷的克服,同时对新公共管理市场化带来问题的超越,采取了"第三条道路",以整体性思维推进公共服务领域的改革,提出构建"协同性政府",其基本目标指向是使得各自为政的政府部门走向整体性运行。公共治理理论的基本诉求在整体性治理这里集中体现在政府对治理工具的选择与运用上。一般来说,政府的治理工具分为:以市场为核心的治理工具和机制(如民营化、契约承包、特许经营等),财政性工具与诱因机制(如税收、补贴等),管制性工具与权威机制(法律法规),政府直接生产或者提供公共产品与非市场机制(如社会保障、义务教育、国有企业、公共工程等)。② 公共治理要求的是政府对上述诸多工具的综合运用。比如,在2012年3月19日召开的第十三次全国民政会议上,温家宝指出,政府的事务性管理工作、适合通过市场和社会提供的公共服务,可以适当的方式交给社会组织、中介机构、社区等基层组织承担。③ 这是政府运用多种治理工具的体现。对于当代中国公共治理理论有效适用而言,整体性治理的主要意义在于对多种治理工具的运用。

但基于政府内部的整体性治理方式的主要弊病在于实施与否的主动权完全掌握在政府手中。整体性治理方式的实施必定会带来原有利益的变动与调整,这使得实施的动力不足。同时,不同政府层级之间、不同政府部门之间的资源也会随着整体性治理方式的实施而发生改变。即便在受到外部较大压力的情况下实施了整体性治理

---

① 竺乾威:《从新公共管理到整体性治理》,《中国行政管理》,2008年第10期。
② 张成福:《论政府治理工具及其选择》,《中国机构》,2003年第1期。
③ 陈郁:《充分发挥社会组织作用》,《经济日报》,2012年3月22日,第3版。

方式，也可能会受到来自政府内部既得利益的阻碍，而由于必要的监督，阻碍又无法得到及时有效的清除。整体性治理在政府改革上体现于大部制。但大部制改革导致的一个后果是广州、深圳、南京、佛山等地部分政府机关副职多达十几个。正因为如此，笔者以为，整体性治理能否成为一个替代性的治理方式是令人怀疑的。

其二，网络化治理：着眼政府外部的公共治理。网络化治理并非仅指基于网络（internet）的治理，而是基于网络（network）的治理，是"一种全新的通过公私部门合作，非营利组织、营利组织等多主体广泛参与提供公共服务的治理模式"①。公共治理理论发端于西方企业内部的改革，是公司治理或企业治理在公共领域的体现。诸如20世纪七八十年代美国发生的退休金治理的改革，从集中于企业领导持股的透明化，继而扩大到整个企业的经营管理，衍生了"公司治理"或"企业治理"的理念。② 从缘起来看，即便是公司或企业内部一项具体制度的改革，也必须立足于整个公司或企业展开。借由与超越公司治理或企业治理的公共治理本质意义上应该是着眼于整个社会进行的。网络化治理契合了这一意义。网络化治理改变了公共部门运行的方式，使得公共政策目标的获得不再仅仅依靠公共部门及其官员而是依靠他们雇用与管理的政府外部的"合作伙伴"来实现。

单中心的"碎片化"（fragmentation）的治理使得权力分散化、体制分裂化、部门主义、地方主义盛行。网络化治理利用伙伴关系、协议与同盟形成政府、公民与社会组织等多元主体共同开展公共治

---

① 何植民、齐明山：《网络化治理：公共管理现代发展的新趋势》，《甘肃理论学刊》，2009年第3期。
② 申剑、白庆华：《治理理论及其评价》，《广西大学学报（哲学社会科学版）》，2006年第6期。

理的模式。在网络化治理中,公民、社会组织及其之间结成网络结构。同时网络化治理中的政府并非传统公共行政中的权力中心,它受到公民与社会组织有力的约束。网络结构是开放的、延展的,以非等级的形式排列。我们知道,公共治理的核心价值理念是权力中心的多元化。可见,对当代中国而言,整体性治理的意义主要在于多种治理工具的运用,而网络化治理更加凸显了对多元主体的追求。诚然,与整体性治理一样,网络化治理的有效推进都需要多元主体的成长与成熟,同时它们也依赖于多元主体对责任的认知与担当。

三、当代中国公共治理理论有效适用的责任:政府责任与公民责任

对"责任"的认知众说纷纭。比如,可以将之划分为"积极责任"与"消极责任"。所谓"积极责任"是指责任主体自觉、自愿、主动承当的责任。而"消极责任"则昭示的是对不符合社会规范的行为给予的谴责与制裁。① 亦可以立足法学视域将"责任"的基本含义作如下解析:其一,分内应做的事,实际上是角色义务,如"岗位责任"、"尽职尽责"等。其二,特定的人对特定事项的发生、发展、变化及其成果负有积极的助长义务,如"担保责任"。其三,没有做好分内之事或没有履行助长义务而应承担的不利后果或强制性义务,如"违约责任"。② 等等。笔者以为,统合来看,公共治理理论有效适用中的责任首先应该为一种"消极责任",是多元主体分内

---

① 麻宝斌等:《十大基本政治观念》,北京:社会科学文献出版社2011年版,第118—119页。

② 张文显:《法学基本范畴研究》,北京:中国政法大学出版社1993年版,第184页。

应做的事，是角色义务。这是最基本的要求。公共治理理论有效适用中，政府与公民都有责任。这种责任关涉到公共治理是否可以得以有效推进，是在公共领域中彰显与体现的责任，是公共责任。治理时代，首要的公共责任主体是政府。"治理意味着在位社会和经济问题寻求解决方案的过程中存在着界限和责任方面的模糊性。"① 同时，原本由国家独立承担的责任会转移给市民社会，进而导致国家与市民社会之间、公共部门与私人部门之间责任模糊不清。责任的模糊性使得公共治理理论有效适用有陷入困境的危险。

其一，当代中国公共治理理论有效适用中的政府责任。政府在公共治理中必须承担元治理角色，要始终维护公共利益。"元治理有制度的和战略的两个方面。制度上它要提供各种机制，促使有关各方面集体学会不同地点和行动领域之间的功能联系和物质上的相互依存关系。在战略上元治理促进建立共同的远景，从而鼓励新的制度安排和新的活动，以便补充和充实现有的治理模式之不足。"② 这在两个层面对政府提出了责任要求：首先，作为元治理角色，政府必须要创设有利于公共治理的制度与机制。这种制度与机制可以整合不同治理主体的利益诉求与政策主张，可以推促多元主体的生存与发展，可以救济不同主体受到损害的利益。其次，政府必须积极应对社会变迁所引起的治理变革，能够对多元主体的制度创新给予吸纳。同时，我们以为，必须对不同语境下的政府治理责任作不同思索。对于市民社会比较发达的西方世界来说，消极责任在责任中所占比较要较后发国家大的多。而在当代中国，公共治理理论有效

---

① 俞可平主编：《全球化：全球治理》，北京：社会科学文献出版社2003年版，第5页。
② 俞可平主编：《治理与善治》，北京：社会科学文献出版社2000年版，第79页。

适用过程中,政府的治理责任则应该是积极责任与消极责任的有机结合与统一。政府必须积极引导多元主体在公共治理中作用的有效发挥。

其二,当代中国公共治理理论有效适用中的公民责任。公共治理理论是为了应对"市场失灵"与"政府失灵"而兴起的。我们有理由进一步发问,是否也有社会失灵呢?暴民政治的惨痛历史教训应该一直值得我们汲取。因此,作为推动公共治理理论有效适用的主要行为主体之一的公民也必须承担相应责任。"作为确定的人……就有使命,就有任务。至于你是否意识到这一点,那都是无所谓的。这个任务是由于你的需要及其与现存世界的联系而产生的。"[①] 公民是现代国家的基本缔造者。公民及其依附的社会组织是公共治理理论有效适用的基本主体。公共治理理论有效适用的过程同时亦是公民不断承担公民责任的过程。在现代国家,公共权力提供公共物品与服务的过程中存在一个有趣的现象:随着权利意识的增强,公民对于公共权力的扩张有天然的排斥,乃至到了对公共权力有一种"反感"的程度。但是,公民同时又对公共权力提供公共物品与公共服务时刻提出要求。特别是在社会高度一元化的中国,公民对公共权力的判断往往带有很多价值的色彩,将政治、行政与道德混为一谈。这种情势下,公共权力不得已需要应付许多要求,有些甚至是不合理的要求。只有通过要求公民承担治理中的公民责任,使其能够认识到自身在公共治理中所处的主体地位,才能摆脱公共行政的困境。

理论的有效适用基于对理论自洽性的本土化解读。这种的理论

---

① 《马克思恩格斯全集》(第3卷),北京:人民出版社1960年版,第329页。

才能是真正具有"有用性"的。当代中国公共治理理论有效适用结构主体是多元的,其中首要主体是执政的中国共产党。推进公民与社会组织等其他多元主体成长与成熟是公共治理的必然步骤。整体性治理与网络化治理是公共治理的基本方式。而整体性治理在当代中国的意义更多体现在对治理工具的使用上。网络化治理总体上更本质地体现了公共治理的追求。公共治理责任模糊性的问题在当代中国有效适用中依然可能存在。这对政府(执政党)提出了治理责任,同时亦要求公民承担公民责任。

第六章 公共治理理论有效适用的困境及其破解：共识、精英与阶层变迁的视角

◆ 第一节 共识及其意义：基于对公共治理理论有效适用困境的解读

◆ 第二节 精英及其生成：从对共识的追求出发

◆ 第三节 现代化导向的阶层变迁与精英功用：
　　　　公共治理理论有效适用中的应然与实然之辨

公共治理理论自20世纪90年代引介入中国以来，受到学界广泛关注。虽然有学者认为，治理理论仅仅是修辞上的需要，没有实际意义，这是适应市场取向拒斥"统治"迎纳"治理"这一时髦术语的结果，治理充其量是重新包装的政府管理形式[①]，等，但这不影响公共治理理论在各个研究领域取得的重要影响[②]。一定程度上，共识缺失、精英共谋与阶层固化造成了公共治理理论有效适用的困境。

---

① ［美］格里·斯托克：《作为理论的治理：五个论点》，《国际社会科学》，1999年第1期。

② 截止2013年7月6日，以"治理理论"为篇名检索中国知网学术期刊库的结果显示有708条结果，涉及政府体制改革、住房改革、教育改革、环境保护、人口服务体制改革、社区治理、公司治理等诸领域。

第六章 公共治理理论有效适用的困境及其破解：
共识、精英与阶层变迁的视角

第一节 共识及其意义：基于对公共治理理论有效适用困境的解读

笔者以为，对公共治理理论当代中国有效适用的研究至少需要关注：其一，公共治理理论有效适用的政治学基础。作为衍生于西方世界的先进理论形态，公共治理理论践行于西方政治学基础之下，是在政治学相关问题得以基本厘定基础之上有效适用的。如果不关注政治学基础对公共治理理论研究，最终只能沦为语言的游戏，根本不能解决问题——因为缺失政治学基础的公共治理理论研究根本无法找到真问题。其二，公共治理理论有效适用的当代中国政治语境。当代中国有着与西方根本不同的发展语境。无视这一点而企图促进公共治理理论的有效适用是不可能取得成功的。公共治理理论有效适用首当其冲的困境是此类共识的缺失。

既然"以公民为中心的治理才算是一份真正的公共生活"[①]，那么，如何确保以公民为中心的治理得以有效实施呢？对此的深刻认识基于对公共治理理论有效适用政治学基础与当代中国政治语境的考察之上。

第一，共识：公共治理理论有效适用的基石。共识是人们共同的认识，是社会存续的基本底线关怀，以有利于人类群体的利益为

[①] [美]卡尔·博格斯：《政治的终结》，北京：社会科学文献出版社2001年版，第10页。

根本依归。虽然在治理模式的选择上有演进论与设计论的争论，"人类社会是否真正能够通过深思熟虑和自由选择来建立一个良好的政府，还是他们永远注定要靠机遇和强力来决定他们的政治组织"①，但是，对于共识的作用人们是无法否认的，因为是认同演进论抑或设计论本身也是一种共识。

如果人们无法形成共识，公共治理仅仅依靠权力的博弈，那么，这种博弈可能更多局限于精英②内部展开，民众更多充当的是旁观者。政治发展会更多沦落为统治者内部为了维护其既得利益作出的最低限度的妥协与退让。缺失基本的共识使得推进公共治理理论适用成为各个利益主体谋求私利的工具。

第二，公共治理理论有效适用中的共识。多数人公认的正确道理是公理，公理是较大范围的共识。有学者指出，政治学的公理有：人类具有共同的基本政治价值，良好的政治制度是实现人类根本利益的基本保证，民主是迄今最好的政治制度，评价民主政治有一套客观的标准。③尽管全球的研究机构和学者提出的治理概念不下200个④，对公共治理的理解就更加繁杂，但是从政治学公理出发，笔者以为，关于公共治理理论有效适用的核心共识有：

其一，属于人类共同基本政治价值范畴的公共治理理论可以而且能够有效适用于当代中国。虽然不同的利益群体出于不同的目的

---

① [美]汉密尔顿等：《联邦党人文集》，程逢如等译，北京：商务印书馆1982年版，第3页。
② 此处的"精英"仅仅是为了发挥语言交流的功能而使用的，因为到底后发国家里的"精英"能否可以称为"精英"是令人怀疑的。下文将具体展开对精英的解说，这里为了不偏离主题不再赘述。
③ 俞可平：《政治学的公理》，《江苏社会科学》，2003年第5期。
④ 孙柏瑛：《当代地方治理——面向21世纪的挑战》，北京：中国人民大学出版社2004年版，第19页、第116-123页。

第六章 公共治理理论有效适用的困境及其破解：共识、精英与阶层变迁的视角

对公共治理理论的当代中国适用有不同的解读，但是，世界潮流是无法阻挡的。多元行为主体的治理诉求必然会随着社会发展逐渐展示出来，即便行为者本身可能会有不适应，甚至是抵触。① 诚然，由于政治发展滞后，公共治理理论有效适用的政治学基础未能得以扎实确立，使得趋向这一趋势的过程举步维艰，一波多折。

其二，平等多元行为主体是公共治理理论有效适用的核心要义。公共治理相关理论称谓与流派不可谓不繁多，如公共服务民营化、网络治理、协同治理、治理再造等，虽然它们的衍生背景与自我展示各不相同，但是有一个共同的逻辑主线，即行为主体的多元化。虽然可以从治理的行为主体、结构形式、实践过程等角度对公共治理理论的基本内涵作分析，但是，公共治理理论有效适用的核心要义应在平等的多元行为主体。这里所谓的"平等"是指在公共治理过程中多元行为主体能够在法治的保障下平等协商、互动、合作。

其三，政治发展与公共治理理论有效适用密切勾连。一般来说，政治发展依次要完成如下任务：完成统一国家建设，形成统一的国家主权；确立完整的政治—行政体系，树立统一的政治权威；实现经济"起飞"，完成经济改造和基本建设；扩大政治参与，普及选举，完善政党制度，完成政治民主化改造；解决公平问题，普遍改善社会福利。② 公共治理理论在先发国家与后发国家的展示形式是不一样的，但都与政治发展的如上阶段性任务密切勾连。在先发国家，

---

① 如在陕西绥德发生了校长找县长签字要国家助学金，因为"妨碍"县长办公被拘的事件之后，媒体采访被推三阻四。而当地接待记者的宣传部长说："以前没有网络的时候多好啊，想让他们怎么说就怎么说。"http://china.rednet.cn/c/2008/01/30/1432170_1.htm，2013年7月6日。

② 燕继荣主编：《发展政治学：政治发展研究的概念与理论》，北京：北京大学出版社2006年版，第50页。

公共治理理论的适用构建在民族国家建设基本完成、民主建设基本完备、民生建设基本完善的基础之后,而后发国家,民族国家建设、民主建设、民生建设全都需要推进。或者说,公共治理理论与其他西方先进理论形态类似,在后发国家都同时需要发挥推进现代化的任务,成为探究这些国家现代化建设的理论线索之一。

其四,评价公共治理理论有效适用的标准:内涵与形塑。评价公共治理理论有效适用的标准在于:存在民间的和公民的自治、自主管理的秩序与力量;存在公民参与和社群自治;存在多元利益诉求,并通过冲突、对话、协商、妥协,达成平衡和整合;存在提供不同性质的公共物品和公共服务的制度选择。① 一如上文所讲,由于当代中国所处的历史阶段,现代化与后现代化的双重压力使得这些评价标准的形塑需要漫长的时期。对此形成共识是保持推进公共治理论有效适用的耐心与信心的必然要求。

第二节 精英及其生成:
从对共识的追求出发

主导公共治理理论能否有效适用的是政府。而主导政府的是精英,在一定意义上,主导公共治理理论有效适用的是精英。精英与

---

① 孙柏瑛:《当代地方治理——面向21世纪的挑战》,北京:中国人民大学出版社2004年版,第19页、第116—123页。

第六章 公共治理理论有效适用的困境及其破解：共识、精英与阶层变迁的视角

政府是一种交叉关系，又拥有各自的定位。精英共谋直接危害公共治理理论的有效适用。对此的破解需要从精英生成着手。这是从上文关于公共治理理论有效适用的核心共识出发得出的基本结论。

第一，多元治理主体之主导：精英及其耦合。从概念层面而言，公共治理经历了从统治到管理，再到治理的转变。统治是与统治阶级相配套的概念。政治是国家意志的体现，管理则是国家意志的执行。[1] 管理是统治者的统治功能逐步淡化，而行政权力的执行功能逐渐上升的过程。虽然发展到公共治理理论时期，政治观念经历了长期的演变，但是，统治的政治性仅仅是淡化，或者准确地说，是在市场取向的社会中得以转移，并非消弭。

其一，精英与政府：交叉与定位。"在所有社会中，即使最发达、最有实力的社会，都会出现两个阶级——一个是统治阶级，另一个是被统治阶级。前一个阶级总是人数较少，行使所有社会职能，垄断权力并且享受权力带来的利益。而另一个阶级，也就是人数更多的阶级，被第一个阶级以多少是合法的、又多少是专断和强暴的方式所领导和控制。被统治阶级至少在表面上要供应给第一个阶级物质生活资料和维持政治组织必需的资金。"[2] 这里无意亦无力争论"精英"的具体含义与范围，只是强调指出，在政治学意义上，这里的统治阶层是精英的核心构成。[3] 精英中的部分人进入政府机构，政

---

[1] ［美］古德诺：《政治与行政》，王元译，北京：华夏出版社1987年版。
[2] ［意］加塔诺·莫斯卡：《统治阶级》，贾鹤鹏译，南京：译林出版社2002年版，第97页。
[3] 汉语中，"精英"是指"精华"、"出类拔萃的人"。西方语境中，精英（elite）大致指称"精心挑选出来的群体或者人"。可见，中西方对精英的界定基本上是一致的。参见中国社会科学院语言研究所词典编辑室编：《现代汉语词典》，北京：商务印书馆2000年版，第668页；［英］巴特摩尔：《平等还是精英》，尤卫军译，沈阳：辽宁教育出版社1998年版，第1页。

府工作人员以精英为基本组成。现今任何一个社会都不能拒绝精英与政府的存在。

随之而来的问题是，精英与政府何为？在现代化导向的政治体制下，精英是借由民主获得合法性。同时，亦因为民主丧失合法性直至丧失精英身份与资格。精英能否保有身份与资格，关键在于能否在公共治理中发挥与其身份与资格相称的功用。而在公共治理中，政府应该发挥如何的作用？简单来说，"国家最重要的议事日程不是涉及那些由私人已经完成的活动，而是那些落在个人活动范围之外，如果国家不出面不会有人去做出决定的事情。对政府来说，重要的不是去干那些正在由私人做的事或者把这些事做得更好些或更坏些的问题，而是去做那些根本就没人去做的事"①。诚然，对精英与政府功用的阐释是个庞大的话题，这里只是择其关键加以剖析。假使如上之关键所在精英与政府无法做到，那么，其合法性将受到最低程度的质疑。

其二，公共治理中的精英共谋：例证及其危害。这里以国有企业为例，阐释公共治理中的精英共谋及其危害。对国有企业地位与作用的认识固然可以从意识形态的高度展开。社会主义国家兴办国有企业天经地义。但是，同样理所当然的是，国有企业的发展必须以实现社会主义国家的共同富裕为指向，而不能成为某些利益群体谋求私利的工具。但是，资料显示，2011年，央企实现营业收入202409.3亿元，实现净利润9173.3亿元，上缴中央的红利只有800.6亿元，其中用于社会保障等支出的仅有40亿元。一些政治精

---

① ［英］凯恩斯：《预言与劝说》，赵波、包晓闻译，南京：江苏人民出版社1997年版，第317页。

第六章 公共治理理论有效适用的困境及其破解：共识、精英与阶层变迁的视角

英以手中的权力利用国有企业谋求个人或家族私利，一些知识精英全然不顾知识的本原意涵，一味地将问题全部上升到意识形态高度，只要稍微提出改革国有企业，就被他们批为脱离社会主义，最好是坚持现有国有企业体制不变。在这一点上，部分政治精英、经济精英与知识精英成功实现共谋。

第二，精英生成：公共治理基本原则的主体适用。在现代民主体制下，谈论统治阶层与被统治阶层更多是基于人类个体差异的国家职能划分需要而与价值无涉。统治阶层到底应该是如何生成的呢？依照达尔的解说，统治阶层应该是由民主机制选择产生。民主机制包含如下要件：有效的参与；投票的平等；充分的知情；对议程的最终控制；成年人的公民资格。[①] 而民主机制在公共治理领域的具体体现在其基本原则上：参与原则、透明原则、责任原则、回应原则、协作原则与合法性原则等。[②] 公共治理是个循环的过程，精英生成属于公共治理的基本范畴，并且事关公共治理理论能否有效适用的全过程。不是通过民主机制及公共治理基本原则生成的精英主导下，公共治理理论很难得以有效适用。

其一，参与治理与精英生成。在传统统治模式与管理模式之下，统治阶级将被统治阶级排斥于公共权力之外。公共治理理论有效适用的过程就是多元行为主体共同参与社会治理的过程。普通民众通过有保障的民主参与进入公共生活，在这个过程中，透过透明原则、责任原则、回应原则、协作原则、合法性原则等，得以促成精英的生成。

其二，透明治理与精英生成。传统社会治理模式下，公共决策

---

① ［美］罗伯特·达尔：《论民主》，北京：商务印书馆1999年版。
② 俞可平主编：《治理与善治》，北京：社会科学文献出版社2000年版。

的制定与执行中的绝大多数信息基本不向公众公开。在民主化的潮流之下公众知情权应该受到保障。晚近的斯诺登事件在显示政府危及公众知情权的同时，也暴露出政府试图掩盖事实真相非常困难。当今时代，透明越发成为一种必然。透明原则在公共治理理论有效适用中的体现首先是在行为主体的遴选上，尤其是主导公共治理的精英生成上。

其三，责任治理与精英生成。如果行为主体不能承担相应的治理责任，公共治理理论是无法得以有效适用的。其中的治理责任首先是政府的责任，同时包含有公民社会及公民个体的责任。负责任的态度不会体现在动车事故发生之后被问及"为何救援宣告结束后仍发现一名生还儿童"时给出"这只能说是生命的奇迹"的回答的。负责任的态度以不会在听到孩子的呼喊之后始终未能施以援手最终导致孩子被饿死的。①

其四，回应治理与精英生成。回应治理是指多元行为主体能够及时、快速、准确地解决社会问题，提供相应的公共产品与公共服务。可以做到及时、快速、准确地发现和处理社会问题，而不是拖延、滞后、偏差乃至错误地应对社会问题，考验着公共治理中的多元行为主体，同时亦是遴选精英的基本手段与平台。

其五，协作治理与精英生成。公共治理中多元行为主体通过建立良性的组织网络与制度框架来协作处理公共事务。能否以协作的方式对待公共治理中的其他行为主体，是考验政府及其组成是否是

---

① 南京儿童饿死事件中邻居在听到孩子的呼喊之后始终未能施以援手，不能不说是导致孩子最终被饿死的原因之一。参见 http://baike.baidu.com/view/10725395.htm，2013年7月6日。浸淫在超稳定的专制主义传统中的中国人，都应该思考：我们在批评别人对公共治理不适应的同时，是否有过检讨自身，自身是否曾经对与自己没有直接利益关系的公共治理无动于衷？

由精英构成的重要尺度与标准。

其六，合法性治理与精英生成。在政治学上，合法性是自觉自愿的服从。主导违背合法性的治理的精英是无法获得公众自觉自愿服从的。只有满足参与治理、透明治理、责任治理、回应治理等要求的公共治理才是满足合法性的治理，而主导这一过程的治理主体才是精英。但是当下，官二代接班严重解构党的执政合法性。[①]

第三节 现代化导向的阶层变迁与精英功用：公共治理理论有效适用中的应然与实然之辨

生成之后的精英需要以功用来呈现自身存在的价值。当代中国，公共治理理论有效适用的过程同时是走向现代化的过程。这与先发国家是不同的。先发国家，现代化[②]是先在于公共治理理论有效适用的[③]。由于完成了良性的社会结构更替与阶层变迁，发达国家中公共

---

① 王长江：《靠什么化解干部任用上的社会质疑》，《学习时报》，2013年6月10日，第3版。

② 现代化在经济、政治、社会结构、文化、个人人格与行为特征等方面都有充分体现。其中，在社会结构方面体现在：现代化是高度分化的社会；各组织之间的专业化程度和相互依赖程度很高；社会流动性很强；人口大规模集中于城市；角色和地位的分配主要依据个人的能力和业绩；调节人际关系的规范是标准化的、普遍主义的；科层制普遍发展；家庭功能缩小，地位下降等等。参见谢立中：《现代化理论的过去与现在》，《社会科学研究》，1998年第1期。

③ 治理沿着两条路线展开。其一，世界银行等国际援助机构的发展研究；其二，福利国家危机所引发的公共行政变革。参见《华中师范大学学报（人文社会科学版）》，2004年第2期，第5页。

治理理论适用的较为有效。现代化导向的阶层变迁与精英功用之间的良性互动是公共治理理论有效适用的动态展示。

第一,当代中国社会结构更替与阶层变迁:阶层固化与精英共谋。社会转型的典型表现是两极分化。这同为阶层变迁异化的典型表现。当代中国,两极分化有进一步拉大的趋势,且这越来越是由阶层固化所引致。而改变阶层固化的重要手段是壮大中产阶层,从而扩大中产阶层的比重。从政治学的角度来看,中产阶层的壮大可以减少群体性事件的发展,有利于社会的成功转型。但是,事实上的情况却是以维权、泄愤、骚乱为表征的群体性事件频发,晚近比较典型的有:2011年大连"PX事件"、浙江"海宁事件"、2012年四川"什邡反对兴建钼铜项目事件"、江苏"启东事件"、浙江宁波镇海"PX事件"等等。虽然群体性事件发生的原因非常复杂,但是,不能否认社会结构更替与阶层变迁中精英功能缺失的原因。

从价值中立的角度来看,新社会结构的萌芽、形成与壮大需要有一种新的机制确保如下三个环节的进行:其一,旧结构解体时形成的各种新的子系统中一定要有可以成为新结构的组织要素的子系统,即"潜组织要素的成长"。且这种潜组织要素必须包含经济、政治和意识形态各个方面;其二,经济、政治、意识形态结构中新的子系统互相耦合,形成一种潜在的新社会结构;其三,潜结构不断壮大,最终逐渐成为主导。[①] 在后发国家,政治权力对市场化转型的全面控制使得经济精英、知识精英无法摆脱与政治精英耦合的诱惑,因为只有与政治精英结盟,形成政治精英、经济精英、知识精英之

---

① 金观涛、唐若昕:《西方社会结构的演变——从古罗马到英国资产阶级革命》,成都:四川人民出版社1985年版,第141页。

间的共谋关系，才能确保各个精英群体的利益诉求。共谋的精英群体构成新结构的潜组织要素，逐渐成长，塑造固化的阶层，使得公共治理理论有效适用的多元行为主体化为泡影，公共治理理论有效适用就无从谈起。而且，"组成社会的各个子系统在其本身漫长的运行中，在彼此间相互协调的稳态中，都会不断地释放出某种对结构本身有害的东西，导致功能耦合的松弛，最后破坏社会结构的适应性"①。可见，精英耦合与共谋的现状极大地破坏了社会结构的适应性，危害社会转型。

第二，现代化导向的阶层变迁与精英功用之间的良性互动：公共治理理论有效适用的动态展示。从应然层面来说，精英在公共治理理论有效适用中应该发挥积极的主导与推动作用。但是，当代中国的精英并未有效发挥有利于现代化导向阶层变迁的功用。正是由于精英功用的缺失直接导致了精英与非精英的对立，导致多元治理难以实现，公共治理理论无法得以有效适用。

其一，精英推动现代化导向阶层变迁之策略。传统西欧封建社会体制内的权力中心是多元的，作为体制外权力中心的城市亦是多元的。并且，体制本身是刚性的存在，在缺乏民主机制的情况下，多元权力中心在根本利益冲突之下的治理方式只能是战争。这从一个层面解释为什么传统中国"超稳定"的原因。② 而在经历社会转型之后，现代民主体制的先发国家，开放式的精英群体以流动的形式接纳各个社会阶层民众的进入，使得公共治理的多元主体以各种身

---

① 金观涛、唐若昕：《西方社会结构的演变——从古罗马到英国资产阶级革命》，成都：四川人民出版社1985年版，第102页。
② 传统中国社会不存在多元的权力中心，且社会是弹性的，任何人都有机会成为权力中心的一员，这使得整个社会得以超稳定存在。参见厉以宁：《资本主义的起源——比较经济史研究》，北京：商务印书馆2006年版。

份（各领域的精英）获得整个社会的普遍认同。因此，要推动现代化导向的阶层变迁，精英首先需要形成公共治理理论有效适用的核心共识，要对诸如公共治理理论这样的人类共同的基本政治价值有基本认同，理解平等多元行为主体对于公共治理理论有效适用的意义，要确保精英群体的开放性、流动性、民主性。

其二，阶层变迁推动精英功用发挥之策略。社会转型必然关涉利益格局的调整，必然会使有些群体利益受损。而且，将本来属于自己基本权利的公共治理弃之不用，必定会使自己的利益受到损害。因此，公共治理理论有效适用动态展示的另一层意蕴是阶层变迁对精英功用发挥的推动。首先，在民主化与公共治理无法阻挡的现时代，各个阶层的所属成员都需要认识到自身成为精英的可能性，需要把握阶层变迁的机会，按照精英的标准要求自身，积极参与公共治理。这是阶层内部的策略。其次，必须从外部对现有精英施加压力，推动其功用的有效发挥。这需要各种社会阶层充分利用网络资源，充分利用现有体制内的资源，充分利用各种机会。

共识缺失、精英共谋与阶层固化是公共治理理论有效适用困境形成的原因之一。共识、精英与阶层变迁仅仅是公共治理理论有效适用的困境及其破解研究的视角之一。但是，假如大多数人的权利无法得到保障，少数人的权力无法得到监督，尤其是随着其所处的精英阶位越高，权力愈发得不到有效监督，那么公共治理理论有效适用的核心要件——多元治理则从根本上难以真正实现。即便在马克思主义理念之下，为了执政合法性的需要，又要"确保"大多数人的利益诉求，造成了执政惠及大多数人的表象，但由于法治不健全，精英阶层逐渐走向共谋，阶层走向固化，普通民众的合法利益无法得到有效保障，如何成为多元行为主体之一？公共治理理论如何有效适用？根本上，这一问题的解决首先在于构建适应性的宪政体系，规制公共治理理论的多元主体，搭建其良性互动的法治平台。这是公共治理理论有效适用研究的另一视角，需另文专述。

第七章 共通、超越与定位：公共治理理论有效适用与当代中国国家治理现代化

- ◆ 第一节 当代中国国家治理现代化：研究现状述评、存在的问题与可能应对
- ◆ 第二节 治理语境下当代中国国家理论与实践
    ——以马克思国家与社会学说为指导
- ◆ 第三节 当代中国国家治理现代化之内涵、原则与标准及其实践
- ◆ 第四节 当代中国国家治理现代化的困境
    ——一个共通性的展现
- ◆ 第五节 困境之应对：当代中国国家治理现代化的多元主体构建

马克思国家与社会学说为当代中国国家治理现代化提供了理论指导。从治理的本原内涵出发，国家治理指国家主导下的多元主体共同治理，强调的是"国家"与"治理"的双重意涵。当代中国国家治理既要充分发挥社会主义国家优势，又要充分发挥治理优势的治理形态。判断当代中国国家治理现代化的原则是党的领导、人民当家作主、依法治国。法治、民主、协商、高效是判断当代中国国家治理现代化的标准。当代中国国家治理现代化存在着共识缺失、既得利益集团危害、精英共谋的困境。以马克思国家与社会学说为指导，从基本理解出发，要应对当代中国国家治理现代化的困境，必须构建成熟的多元主体。

　　治理的核心要义在于多元主体。国家治理是国家主导之下的多元主体共同治理。国家治理现代化的推进是目标，更是过程，与多元主体的构建是互动的、交融的。多元主体的逐渐构建，是不断推进国家治理现代化的过程，而国家治理现代化的有效推进为多元主体的成功构建提供了基本的支撑。

第七章 共通、超越与定位：公共治理理论有效适用与当代中国国家治理现代化

第一节　当代中国国家治理现代化：研究现状述评、存在的问题与可能应对

以党的十八届三中全会提出"全面深化改革的总目标是完善和发展当代中国制度，推进国家治理体系和治理能力现代化"为标志，国家治理现代化成为党和国家关注的焦点，如何达到对当代中国国家治理现代化的基本理解，如何进一步推进国家治理能力现代化成为学术界迫切的责任与使命。

一、研究现状述评

国外研究现状：①马克思国家与社会学说研究。学术界对马克思国家与社会学说的研究基于对其国家理论的研究展开。而长期以来，马克思国家理论没有受到应有的重视，往往被认为是缺乏深刻性与系统性的，常常会视作国家主义意识形态而招致诟病。福利国家在战后的成功与斯大林主义的终结使得人们对国家理论研究的兴

趣重新被唤起，由此引发了三次国家理论的复兴①，从多个视角展开了对马克思国家与社会学说的研究。②治理理论与实践研究。世界银行1989年《撒哈拉以南：从危机到可持续发展》的发布，治理迅速成为风行的词汇，这同样是福利国家危机与全球化发展的昭示。西方世界旋即展开了有关治理理论与实践的丰富研究，代表人物及其著作有：理论层面主要有罗西瑙的《没有政府的治理——世界政治中的秩序和变革》、罗茨的《新的治理：没有政府的管理》、斯托克的《作为理论的治理：五个论点》、杰索普的《治理的兴起及其失败的风险：以经济发展为例的论述》等等；实证研究主要有奥斯特罗姆的《公共事物的治理之道》、麦金尼斯的《多中心体制与地方公共经济》等等。

国内研究现状综述：①马克思国家与社会学说研究。主要分为两个方面：其一，对马克思国家与社会学说的文本学研究。这一研究路径指出，马克思国家理论的精髓是国家与社会学说。无产阶级专政的一项带根本性的任务，就是积极创造条件消除国家与社会的

---

① 其一，20世纪60年代末至70年代，形成了以普兰斯查为代表的结构主义或阿尔都塞主义国家理论、以密里本德为代表的工具主义国家理论、以奥菲和哈贝马斯为代表的福利国家理论、以拉克劳和墨菲为代表的后马克思主义领导权国家理论等。成果主要是：首先，国家与市场的制度性分离导致了不同的政治逻辑和经济逻辑，需要分析各种结构性矛盾、策略性困境、具体国家形式之间路径依赖性的发展；其次，把国家权力当作一种复杂的社会关系加以分析，其中蕴含有国家与社会关系的视角；其二，20世纪70年代后期至80年代，对马克思国家与社会学说的研究融合了社会运动、生态主义、女权主义等新问题，基于不同的理论视角如自由主义、功能主义、多元主义、保守主义、新制度主义、公共选择学派等，更多是对国家能力和政治体制的内在动力、地缘政治学议题等展开研究；其三，20世纪80年代后以来的国家理论复兴对马克思国家与社会学说的研究则强调指出，马克思所推崇的抽象的资本与劳动的对立依旧是全球化时代资本主义的主要对立形式，并各自从自己的专业视角开出了解决对立的路径，实现了对马克思国家与社会学说的改造。参见［英］杰索普：《国家理论的新进展——各种探讨、争论点和议程》，《世界哲学》，2002年第1期。

第七章 共通、超越与定位：公共治理理论有效适用与当代中国国家治理现代化

矛盾和对立，把本来属于社会和人民的权力归复于社会和人民。① 其二，运用马克思国家与社会学说对现实问题展开研究。如运用马克思国家与社会关系理论于我国乡村治理的启示②；将马克思国家与社会关系理论运用于分析和谐社会构建③等。②治理理论及其当代中国适用性研究。"治理"进入中国以来，受到广泛的关注与重视，学术界展开多学科的研究。以徐勇（1997年）、毛寿龙（1998年）、俞可平（1999年）、胡仙芝（2001年）、何增科（2002年）、陈剩勇（2004年）、郁建兴（2003年）、孙柏瑛（2004年）、蔡拓（2004年）、王浦劬（2005年）、林尚立（2006年）、张康之（2006年）、燕继荣（2006年）、郎友兴（2007年）、王诗宗（2007年）、孔繁斌（2008年）、包国宪（2009年）、黄秋菊、景维民（2011年）、许正中（2012年）等相关论著为代表，具体来说分为：其一，译介治理的前沿理论，阐释治理理论的基本理念及其发展趋势；其二，运用治理理论对行业协会、商会、慈善组织展开实证研究，这一研究取向大多立足于发达地区，特别是江浙沪地区展开；其三，集中于乡村治理和城市社区治理开展当代中国地方治理研究；其四，积极探讨当代中国治理模式的基本框架、特征与研究方向等。治理理论与实践研究的主要特点是：首先，研究主题宽泛，横跨多个学科，涉及治

---

① 洪韵珊：《马克思关于国家与社会关系的论点述略》，《社会科学研究》，1992年第1期；荣剑：《马克思的国家和社会理论》，《中国社会科学》，2001年第3期；张丽曼：《国家与社会关系的基本原理是马克思主义国家学说的真髓》，《社会科学研究》，2001年第3期；王英津：《国家与社会：马克思主义经典作家之阐释》，《江苏行政学院学报》，2004年第2期。

② 王金元、史文哲：《马克思国家与社会关系理论对构建和谐社会的启示》，《甘肃社会科学》，2012年第2期。

③ 舒永久：《马克思国家与社会关系理论及其对我国乡村治理的启示》，《探索》，2013年第1期。

理概念的界定、治理的缘起、治理的运行机制及其在国际关系中的运用、治理的发展趋势、治理在福利国家与发展中国家中的适用等领域，涉及政治学、经济学、管理学、国际关系学、教育学等学科；其次，提供了较为全面的方法论体系，有制度分析、经济分析、文化分析等。

二、存在的问题与可能应对

本研究试图指出，治理不是西方的理论，中国有其自身的特色理论话语体系，研究中国治理问题不能纯粹套用西方理论与逻辑。治理最核心的要义在于主体的多元性。对当代中国国家治理现代化多元主体具有特色的研究有利于拓宽马克思主义的研究视域，推进马克思主义的发展；同时，对当代中国国家治理现代化多元主体构建的研究可以积极探索实践中推进国家治理现代化的可行路径。

①对马克思国家与社会学说的研究缺少科学的立场，缺乏对马克思国家与社会学说整体性的科学认识。只有从整体上科学地把握马克思国家与社会学说的基本内涵，才能在新形势下发展这一重要理论形态，才能指导当代中国国家治理。②跟风式地衍用治理于当代中国政治语境之下，生搬治理概念、要素、标准等硬套于当代中国各个现实领域，结果出现了或者不理解治理，或者不理解当代中国现实，或者不理解两者的情况下治理研究的泛滥。如治理专家鲍勃·杰索普所言，治理在许多语境大行其道，以致成为一个可以指

涉任何事物或毫无意义的"时髦词语"①。现在学术界形成了人人皆可言说治理的局面，吊诡的是，何为治理却越来越不清晰。③对国家治理的研究缺少立足当代中国实际的宏观维度，缺少当代中国实际宏伟维度下对国家治理核心要义——多元主体的研究。现有的研究成果更多是基于某一特定层面展开的，存在简单套用西方理论的情况。本研究试图指出，治理不是西方的理论，中国有其自身的特色理论话语体系②，研究中国治理问题不能完全套用西方理论与逻辑。一言以蔽之，对国家治理缺少中国特色社会主义下马克思主义的研究。

第二节 治理语境下当代中国国家理论与实践
——以马克思国家与社会学说为指导

一如上文所及，在理论形态上，国家理论的三次复兴多声称受

---

① 俞可平主编：《治理与善治》，北京：社会科学文献出版社2000年版，第2页。
② 对国家治理与当代中国民主政治发展作勾连式研究的代表性著作有：《治理、善治与中国政治发展》（何增科：《治理、善治与中国政治发展》，《中共福建省委党校学报》，2002年第3期）一文指出，当代中国政治发展方面取得了的成就与治理和善治理论所倡导的理念不谋而合。该文以治理和善治的理论框架分析了当代中国政治发展的成就，指出了中国政治发展的未来方向；《治民·治政·治党：中国政治发展战略解析》（燕继荣：《治民·治政·治党：中国政治发展战略解析》，《北京行政学院学报》，2006年第1期）一文引用公共治理理论，结合中国实际，按照"双边治理"的思路，概括出中国政治发展的三条线路：治民（社会治理）、治政（政府治理）、治党（政党治理）；《治理理论及其中国适用性》（王诗宗：《治理理论及其中国适用性》，北京：浙江大学出版社2009年版）一书对公共治理理论的现代性意义及其现实路径作了较为深刻的分析。

到马克思或马克思主义的影响，马克思的国家与社会学说成为当代西方国家理论研究的重要思想渊源。而在实践中，既批判国家主义又批判自由主义的马克思国家与社会学说在当代西方世界依然具有解释力。而这种解释力在当代中国内化为强有力的理论指导。

第一，马克思国家与社会学说对当代中国国家治理现代化的指导作用：二元化视域下的多元主体。贯穿马克思国家起源理论、国家本质理论、国家职能理论、国家消亡理论等国家理论的是，国家与社会之间关系及"国家"与"社会"定位的演变。从人类社会发展的历史来看，马克思国家与社会学说认为，国家产生并凌驾于社会之上。国家源于社会，是社会决定国家，而不是国家决定社会。阶级社会中，作为统治阶级的总代表，国家凌驾于社会之上，控制着社会，社会从属于国家。[①] 国家最终要回归社会，国家的消亡过程，就是回归社会的过程。处于社会主义初级阶段的当代中国，异化仍然是我们现实生活中的"经验事实"[②]，国家与社会依然是二元化的。在二元化视域下，当代中国国家治理现代化的多元主体分别为中国共产党、政府、社会主体。

国家与社会的论争一直是当代中国政治发展的焦点问题。这一论争和计划与市场的论争密切联系在一起，要计划，还是要市场，实质上还是国家（政府）职能的范围、大小的问题，简言之，也就是处理好国家与社会关系的问题。无论是国家与社会的论争，还是计划与市场的论争，首先看到的是政治与经济的分离。从马克思的

---

① 俞可平：《让国家回归社会——马克思主义关于国家与社会的观点》，《理论视野》，2013年第9期。
② 王金福：《正确认识社会主义初级阶段中的异化问题》，《江苏社会科学》，1999年第2期。

国家与社会学说出发,"国家把本属于社会的那些经济权利尽可能地还给社会"①。同时,"建立高度民主的政治体制,以保障人民群众自觉第广泛参与国家政治管理"②。

第二,从"统治"、"治理"到"国家治理":基本概念的解析。对当代中国国家治理现代化的研究首先需要厘清"统治"、"治理"与"国家治理"之间的关系,尤其是在"治理"泛滥的当下。统治与治理主要的区别:其一,最核心与最基本的是,权威的主体不同,统治的主体是单一的政府或其他国家公共权力,治理的主体是多元的;其二,主体权威的性质不同,统治是强制性的;治理可以是强制的,更多是协商的,主要源于共识;其三,主体权威的来源不同,统治主体的权威来源于具有强制性的国家层面的正式或非正式的制度安排;治理主体的权威除了来自于这种制度安排之外,还包括各种非国家强制的契约;其四,主体权力运行的向度不同,统治主体的权力运行是自上而下的,通过发号施令、政策制定与实施得以实现;治理主体的权力可以是自上而下的,但更多是平行的,是互动式的;其五,主体作用所触及的范围不同。统治所及的范围以国家权力所及领域为边界,而治理所及的范围则以公共领域为边界,后者比前者要宽广得多。③

当代中国国家治理首先需要对"统治"与"治理"有基本的厘定,同时亦需要强调"国家治理"及其"中国特色社会主义性"。本书以为,从治理的本原内涵出发,国家治理指国家主导下的多元主

---

① 刘军等编:《新权威主义——对改革理论纲领的论争》,北京:北京经济学院出版社 1989 年版,第 126—127 页。
② 荣剑:《马克思的国家和社会理论》,《中国社会科学》,2001 年第 3 期。
③ 张力:《评述治理理论在中国适用性的论争》,《理论与改革》,2013 年第 4 期。

体共同治理，强调的是"国家"与"治理"的双重意涵。当代中国的国家治理是社会主义国家主导之下的治理。马克思的国家与社会学说认为，无产阶级专政时期需要坚持共产党的领导，专政与领导最终是为了促使国家回归社会。当代中国国家治理的"中国特色社会主义性"根源上体现在坚持与完善中国共产党的领导上。因此，当代中国国家治理现代化能否得以有效推进，关键在于国家作用的发挥，而国家作用的发挥关键在于中国共产党的领导。这种领导是以全心全意为人民服务为宗旨的，实现人民的利益，得到广大人民群众的拥护，是衡量中国共产党路线、方针和政策是否正确的最高标准。这与治理理念对公共利益的彰显异曲同工。当代中国国家治理既要充分发挥治理优势，更要充分发挥社会主义国家优势的治理形态。

第三，当代中国实际：当代中国国家治理分析的实践基础。概言之，当代中国国家治理分析的实践基础，从国内的角度看，是新生的社会主义正在当代中国经历深刻的改革，并且改革已经进入了攻坚期；从国家的角度看，是全球化所带来的机遇与挑战。国内外学术界对当代中国社会转型的认识已经取得了丰硕的成果，为不偏离主题太远，本文不打算赘述。这里试图指出的是，这种"实际"或"实践基础"之中与国家治理直接相连，或者说，对国家治理有巨大影响作用甚至在某些时候、某些领域发挥决定作用的方面：其一，"官本位"观念。"官本位"观念影响之大从"公务员热"始终无法得以降温可见一斑。① 党的十八届三中全会决定

---

① 2006 年经济学奖得主埃德蒙·菲尔普斯针对中国当下存在的"公务员热"指出："很多受教育程度良好的年轻人，都挤着想去做公务员，这是一种严重的浪费。"http://www.chinanews.com/edu/2013/09-16/5288815.shtml,2014 年 1 月 26 日。

将破除"官本位"观念作为改革的重点,足见其毒害之深、范围之广。从主题出发,本文以为如果不破除"官本位"观念,掌握公共资源配置的国家及其工作人员依旧持有"本位"的观念,将阻碍国家治理的社会主体的成功塑造,最终形成对国家治理现代化成功推进的阻碍。其二,信息技术的迅猛发展。信息技术在为我们的生活带来便利的同时亦可能对国家治理现代化造成困扰。快速发展的信息技术为原本封闭的中国民众提供了基本的生活方式,同时也提供了一个宣泄内心不满的渠道。这种宣泄很多时候演化为网络暴力,乃至成为群体性事件的诱发因素。因此,在分析当代中国国家治理的时候,不能离开的基本实际是信息技术的迅猛发展。其三,全球化的机遇与挑战。全球化背景下,人力、资本、资源、信息的全球性流动加速了风险的扩散,加大了国家治理的难度;同时,随着全球化的传播先进治理理论"普世性"地挑战了国家治理。

第三节 当代中国国家治理现代化之内涵、原则与标准及其实践

从治理的本原内涵出发,国家治理是指国家主导下的多元主体共同治理,强调的是"国家"与"治理"的双重意涵。判断当代中国国家治理现代化的原则与标准是党的领导、人民当家作主、依法治国。法治、民主、协商、高效是判断当代中国国家治理现代化的

标准。当代中国国家治理是既要充分发挥社会主义国家优势，又要充分发挥治理优势的治理形态。

第一，当代中国国家治理现代化内涵的多维解读。立足中国实际，可以对国家治理现代化作出如下层面的解读：其一，国家治理体系和治理能力现代化层面。体系指"若干有关事物或某些意识相互联系而构成的一个整体"①。因此，国家治理体系可以看作是实现国家治理的"一个整体"，这个整体包含路线、方针、政策，包括道路、理论、制度，有政治治理、经济治理的内容，还有文化治理、生态治理的内容，它包含政府治理②，也包含社会治理。通过法治与民主的方式，协商与高效地将现代化的治理体系转化为现代化的治理能力。其二，推进国家治理现代化是完善和发展中国特色社会主义制度的必然要求。完善和发展中国特色社会主义制度与推进国家治理现代化是相互促进的。其三，国家治理现代化的实现需要国家与社会准确定位来完成。国家与社会的准确定位需要多元主体的成功构建来加以体现。

第二，判断当代中国国家治理现代化的原则与标准阐释。当代中国国家治理现代化包含有国家治理体系和治理能力现代化，通过国家治理现代化可以推动中国特色社会主义制度的完善和发展。当代中国国家治理现代化的过程是中国特色社会主义民主政治发展的

---

① 中国社会科学院语言研究所词典编辑室编：《现代汉语词典》，北京：商务印书馆2000年版，第1241页。

② 有学者在综述了学术界研究现状之后，指出，政府治理是指政府与各种组织和个人合作管理社会公共事务，提供公共产品，解决社会公共问题，促进社会公共利益的体系、方式和过程。易承志：《社会转型与治理成长：新时期上海大都市政府治理研究》，北京：法律出版社2009年版，第32页。统合了"政府"与"治理"的"政府治理"是指政府在其中发挥关键作用的治理。

过程，必须坚持党的领导、人民当家作主、依法治国相统一的原则。

党的领导、人民当家作主、依法治国相统一的原则下，本文以为，判断当代中国国家治理现代化的标准是法治、民主、协商、高效。衡量当代中国国家治理现代化的标准至少应该包含有：其一，法治。多元主体在法治下行为，实现国家治理。其二，民主。社会主义国家治理应有之义是保障人民当家作主，缺少这一点，治理就会蜕变为统治。其三，协商。多元主体只有通过协商才能成功实现国家治理。其四，高效。国家治理应当有效维护社会稳定和社会秩序，有利于提高行政效率和经济效益。

第三，改革开放以来当代中国国家治理现代化理论及其实践——在国家与社会的二元化视域下。党的十八届三中全会提出的作为全面深化改革总体目标的"国家治理"概念是改革开放以来尤其是党的十六大以来治国理政理念的深化发展与完善。邓小平从社会主义初级阶段的实际出发，将经济建设作为推进社会主义国家治理现代化的中心，基于对社会主义本质的阐释指出国家治理的目的："我们坚持走社会主义道路，根本目的是实现共同富裕。"[①] 立足中心与本质，邓小平着重指出，要形成具有中国特色的社会主义行政体制，"过去我们搬用别国的模式，结果阻碍了生产力的发展，在思想上导致讲话，妨碍人民和基层积极性的发挥"[②]。中国特色社会主义行政体制的形成需要转变政府职能，促成行政管理的科学化与法制化。

"三个代表"重要思想将发展作为执政兴国的第一要务，发展之

---

① 《邓小平文选》（第3卷），北京：人民出版社1993年版，第155页。
② 《邓小平文选》（第3卷），北京：人民出版社1993年版，第237页。

中包括有推进国家治理现代化的内容。在此基础之上,"三个代表"重要思想立足于加强与改善党的领导推进国家治理现代化,通过依法治国与以德治国相结合,推进机构改革以转变政府职能,建设高素质的干部队伍等方式。江泽民同时指出:"在中国共产党的领导下,实行人民民主,充分保障人民当家作主的民主权利,是我国政权建设和政治体制改革的根本出发点和归宿。"① 针对形势的发展与变化,党的十六大提出"党领导人民治理国家"的理念。树立科学发展观是提高党执政能力的迫切需要。从科学发展观的要求出发,必须积极深化行政体制改革,转变政府职能,同时切实贯彻以人为本的理念,坚持立党为公、执政为民,尊重劳动、尊重知识、尊重人才、尊重创造,充分人民群众的积极性、主动性、创造性。

第四节 当代中国国家治理现代化的困境
——一个共通性的展示

国家治理现代化的推进需要多元主体共识的形成,在当代中国表现为中国特色社会主义共同理想的塑造。共识的缺失使得公共治理可能更多局限于精英内部展开,民众更多充当的是旁观者。国家治理会沦落为既得利益集团为了维护其既得利益作出的最低限度的

---

① 中共中央文献研究室编:《江泽民论有中国特色的社会主义》(专题摘编),北京:中央文献出版社 2002 年版,第 299 页。

妥协与退让。主导国家治理现代化进程的是精英。精英共谋直接危害国家治理现代化的推进。

第一,国家治理现代化的共识缺失:中国特色社会主义共同理想及其意义。治理的核心要义在于多元主体的成长与成熟。缺乏多元主体的协同并进,治理是无法真正实现的。而多元主体的成功形塑需要共识的达成,而这在主体唯一的时代是根本不需要的。这个时期,共识的达成局限于某一集团、群体内部,而在专制主义体制之下,共识往往不需要。这一时期的"治理"是"统治"的意思,与当代话语体系中的"治理"不可同日而语。

在当代中国,在哪些关键问题上、多大程度上、在多大范围形成共识直接影响国家治理的效果。这里必须指出的是,当代中国国家治理在不断地得以推进,上文对此已经有了扼要的阐释。但同样指出的是,改革已经进入了拐点,进入了关键时期。因此,为了推进国家治理现代化,需要在改革的核心问题上形成最大程度最大范围的共识。中国特色社会主义共同理想是当下需要凝练的基本共识,也就是要在党的领导下,走中国特色社会主义道路,实现中华民族的伟大复兴。比如,"有人说,中国今天已经是权贵资本主义了,央企本来就是为了小集团利益服务的"。"这个说法显然并不客观。"虽然有些权势者确实利用国有资产捞得了好处,但是摄于共产党的宗旨,摄于党纪国法,他们不能为所欲为。而"如果央企退出搞私有化,那么这些巨额资产必成他们囊中之物。那时中国的权贵资本主义时代就会真正到来"[①]。共识的形成是推进国家治理现代化的基本前提,当然,此类问题的解决,还需要对既得利益集团及其危害有

---

① 华生:《中国改革:做对的和没做的》,北京:东方出版社2012年版,第7页。

清晰的认识。

第二，国家治理现代化的既得利益集团及其危害：精英及其定位。既得利益集团问题是一个重大而又敏感的问题。这一问题往往容易引起各个利益相关群体不同的反应与应对。国家治理现代化关乎中国特色社会主义制度的完善和发展，需要依靠国家与社会二元化之下多元主体的健康成长与成熟来成就。而既得利益集团会阻碍多元主体的形成，进而阻碍国家治理现代化的推进。通俗来讲，由既得利益者形成的维护既得利益的群体就是既得利益集团。既得利益集团之所以受到拒斥，根源在于其利用公共权力谋取集团私利。从某种程度上来讲，当代中国的改革就是破除既得利益集团的过程。我们不必去争论既得利益集团是否已经存在——至少其存在的可能性是很大的，我们更应该去关注其可能给国家治理现代化所带来的危害。有学者曾经对苏联的既得利益集团特征作过如下的概括：保守性——同僵化的体制利益攸关，抵制改革；排他性——即宗派性，他们打着为"全民"利益服务的旗号，实际维护的是集团的利益；虚伪性——对共产主义理想、共产党宗旨的态度表里不一，进而使得共产党的威望、社会主义的信誉丧失；垄断性——强烈的统治欲、控制欲；贪婪性和颠覆性——当旧体制无法维持时，他们中的一部分人会借转轨利用权力大肆侵吞国有资产。① 通过以上分析，我们对既得利益集团及其危害有了初步认识。这足以让我们在思考当代中国国家治理现代化的时候时刻警惕既得利益集团的阻碍。

既得利益集团的形成与精英②及其定位有直接关联。从应然来

---

① 黄宗良：《特权阶层问题与社会主义的命运》，《国际政治研究》，2002年第1期。
② 这里的"精英"一词更多是立足当代中国政治语境指称占据使用公共权力先机者以及围绕在其周围利用这种先机获取经济收益的经济界与知识界的人士。

看，精英应为民主化乃至国家治理现代化的基本推进力量，这位西方的发展所印证。但是，对当代中国基层现状的研究发现，情况恰恰相反："一方面，在地方政治发展中，许多经济经英阻碍了公民社会的成长；另一方面，由于经济精英和地方政治精英的结构和利益的重叠，他们的聚合也阻隔了中央对地方的正常管理。"① 缺少社会的成长与中央的正常管理，国家与社会关系的健康形塑根本无法实现，国家治理现代化就无从谈起了。定位偏差的精英共谋之后，将梗阻阶层流动，造成阶层固化。

第三，国家治理现代化的精英共谋与阶层固化：社会变迁及其走向。精英共谋是指政治精英、经济精英与知识精英为了维护既得利益而采取共同的意识和行为。利益追求的无限性与利益本身的有限性的矛盾使得精英共谋背景下的阶层固化愈发严重。比如，近年来频繁发生的萝卜招聘、面试打招呼等现象以确保官员亲属在公务员考试中胜出进而将没有关系的普通平民子弟拒之圈外。2004 年中国社科院的《当代中国社会流动》报告显示：干部子女成为干部的机会，是非干部子女的 2.1 倍多。课题组长陆学艺指出："如果 3 年、5 年乃至 10 年、100 年长此以往，就不是 2.1 倍的问题了，这个数字就会高得多。"②

理想状态下，各个社会阶层皆有属于各自的精英，阶层之间相互牵制，相互制约，整体通过法治、民主、协商的方式高效地运作。而随着精英共谋与阶层固化的加强，社会的流动性进一步减弱，社会阶层进一步封闭，共谋的精英有效控制各种资源的配

---

① 谢岳：《市场转型、精英政治化与地方政治秩序》，《天津社会科学》，2005 年第 1 期。

② 唐昊：《"阶层固化"的逻辑与出路》，《南风窗》，2012 年第 17 期。

置，弱势群体的基本权利与基本生活无法得到有效保障，无法享受社会发展所带来的进步，国家治理现代化所必需的多元主体根本无法成功构建。

第五节 困境之应对：当代中国国家治理现代化的多元主体构建

以马克思国家与社会学说为指导，从内涵、原则与标准出发，要克服当代中国国家治理现代化的困境，必须构建多元主体。必须加强和改善党的领导，以推动政党治理权威的成功树立；改革行政体制，以成就政府治理角色的有效发挥；加强制度建设，以促进社会治理主体的渐进成熟。

第一，加强和改善党的领导与政党治理权威的成功树立。"中国共产党是中华人民共和国的领导核心，政府在其领导之下，不谈共产党，中华人民共和国中任何基本的问题都无法搞清。"[①] "共产党组织在当代中国不仅事实上是一种社会公共权力，而且也是政府机构的核心——无论就广义的政府还是狭义的政府而言都是如此。如果把中国共产党组织排除在'政府'之外来分析当代中国的政府过程，不仅无法解释政府决策和执行的基本动力和作为，而且可以说在根

---

① 王敬松：《中华人民共和国政府与政治》，北京：中共中央党校出版社 1994 年版，第 1-2 页。

本上就是不得要领的,这全然不同于西方国家的情况。""从比较政治学的视野看,中国共产党的结构和功能更接近西方国家的政府,而不是政党。"①

必须指出,任何客观理性的观察者都应该认识到,新中国成立以来,虽然经历了历次危及执政合法性的事件与时期,但是,中国共产党的政党权威从未从根本上受到挑战,即便是在"文革"时期依然如此。这与中国几千年以来的传统政治文化有密切关联,同时也受到经济绩效快速增长的支撑与影响。诚然,随着社会的发展,尤其是网络信息技术的爆炸式进步,执政合法性的维系,政党治理权威的成功树立难度将会越来越大,这使得加强和改进党的领导始终是一个意义深远的命题。虽然近年来反腐败工作取得了重大进展,但制度化的加强和改进党的领导的方式仍然缺乏。政党治理权威的树立依旧停留在主要传统的依赖个人或集体执政风格之上,缺少制度的支撑与依赖。正如有学者指出的那样,网络问责存在有效性,但同时存在着有限性与偏差性,制度问责才是问责的根本之路。②

第二,改革行政体制与政府治理角色的有效发挥。行政体制改革的核心是转变政府职能,而转变政府职能就是处理好政府与社会之间的关系。上世纪 80 年代,当代中国尝试解决高度集中的管理体制,"只是看到了权力集中存在的弊端,因而采取的办法就是给地方下放权力;下放多了,又往上收,……而完全忽

---

① 胡伟:《政府过程》,杭州:浙江人民出版社 1998 年版,第 16—17 页。
② 周亚越:《网络问责的效应:有效性、有限性及偏差性》,《马克思主义研究》,2013 年第 8 期。

视、否定市场机制的作用"①。随着1984年全面经济体制改革大幕拉开，人们开始逐渐认识到市场机制的重要作用。随之也进行了多次行政体制改革。但是，直至今日，行政体制改革依然是困扰当代中国社会发展的难题，原因何在？诚然，我们必须看到，改革开放以来当代中国行政体制改革取得的重大进步，我们也可以开出推进行政体制改革的具体措施，诸如处理好政府与市场的关系，使政府管理"有形之手"与市场机制"无形之手"有机结合起来；立足改善民生，强化政府公共服务职能；强化政府社会管理职能，加强和创新社会管理；维护社会公平正义；处理好人民内部矛盾，健全社会调控机制。等等。但是，这些内容更多给我们的是老生常谈的感觉。

笔者此处的意思绝说指这些政策措施不重要，而是试图基于本书的主题指出，从国家治理的角度看，行政体制改革在积极从行政体制内部着力的同时，必须寻求其他国家治理主体的协作。如果没有整个社会的协作，当代中国诸如农村改革、城市改革等一系列的改革无法取得如此大的进展。因此，怎样使用科学治理工具②并使之法治化，如何搭建科学治理平台并使之法治化，是对政府治理角色能否有效发挥的考验。

第三，加强制度建设与社会治理主体的渐进成熟。治理本身包含有"以社会为本"和"以人为本"的价值底蕴。党的十八届三中全会公报5次提到"社会治理"，强调指出："创新社会治理，必须

---

① 薄一波：《若干重大决策与事件的回顾》（下卷），北京：中共中央党校出版社1993年版，第803页。

② 有学者曾经按照非强制性到强制性的光谱，将治理工具分为12种。当代中国这些治理工具的作用能否得以有效发挥，主动权几乎完全在政府手中。参见李允杰、丘昌泰：《政策执行与评估》，台北：元照出版公司2009年版，第132—139页。

第七章 共通、超越与定位：公共治理理论有效适用与当代中国国家治理现代化

着眼于维护最广大人民根本利益，最大限度增加和谐因素，增强社会发展活力，提高社会治理水平，维护国家安全，确保人民安居乐业、社会安定有序。"但是，传统专制主义文化的长久影响、信息技术迅猛发展所带来的负面效应以及全球化的挑战，皆使得社会治理主体的成长与成熟只能是一个渐进的过程。比如，民众表现出对腐败的深恶痛疾，但同时又有天然的权力崇拜情结；信息技术使得民众可以便捷地通过网络获得短暂的围观快感；西方主导的全球化使得民众无法理性地认识到当代中国问题的现实性及解决这些问题对策的可行性。

社会主体是国家治理的多元主体中重要一极，其成熟对于国家治理现代化的实现具有重要意义，尤其是 20 世纪 80 年代，中国经历了以知识精英为主体的进取性争权运动向以工农为主体的反应性维权转变以来，加上"社会泄愤事件"的频繁发生[①]，如何形塑成熟的社会主体显得尤为重要。诚然，要成熟主体的塑造，根源上，必须在法治与民主之下制度化体制的建立。而问题是在国家治理现代化过程中，在社会主义法治与民主仍需不断完善的情况下，社会主体何来渐次成熟？这需要国家治理中国家作用的发挥。国家是否能够前瞻性地认识到国家治理现代化的内涵、原则与标准并践行之，是当代中国国家治理现代化能否有效推进的关键所在。当下，必须积极加强法治与民主之下的制度建设，借此引导社会治理主体的渐进成熟。

必须强调指出的是，当代中国国家治理现代化的推进与多元主

---

① 于建嵘：《抗争性政治：中国政治社会学基本问题》，北京：人民出版社 2010 年版，第 5 页。

体的构建是个目标，更是过程。多元主体的构建与国家治理现代化的推进是互动的、交融的：判断国家治理现代化的原则与标准在多元主体构建中得以彰显，多元主体必须借由判断国家治理现代化原则与标准的实现得以成功构建。多元主体的构建有利于国家治理现代化的推进，而国家治理现代化的推进倒逼多元主体的构建。

结　语

治理有新瓶装旧酒的嫌疑，但其对后发国家政治发展的启迪作用获得一致的肯认。治理失败又向我们昭示，现代国家建设的重要。这从一个侧面印证了公共治理理论有效适用与政治发展之间的密切勾连关系。问题的关键不在于失败，而在于我们对待失败的态度与立场。比如，道德体系的崩塌需要伦理学，伦理学的快速发展为现实的道德建设提供理论支撑。但吊诡的是，一边是伦理学的表面繁荣，一边却是道德体系构建的滞后。问题何在？笔者以为，根本上可能是由于对核心议题的回避。这里的核心议题，同政治学与公共管理学研究是共通的。当下，公共治理理论研究逐渐成为政治学与公共管理学研究的热点之一，而对于政治发展等政治学与公共管理学研究的核心议题却乏人问津。回到上文所论及的伦理学研究的话题，可以说，某种意义上缺乏有力制约的权力使得政府的道德水平急剧下降，而这又直接影响到一个国家的道德状况、社会风尚和文明礼仪。因此，伦理学研究亦应对政治发展作出本学科视域的考察与分析。诚然，对政治发展的深入研究属于政治学与公共管理学当仁不让的责任。这里试图强调政治发展议题研究的重要性，突出治理模式转变（公共治理理论有效适用）中促成整合、实现共享、避免失败的意义及问题之所在，并尝试探索努力的方向。这里的研究不足在于，未能就公共治理理论有效适用中的中国共产党运行的逻辑作专门性地阐释，这是在中国从事公共管理学研究所不能回避的，亦是未来研究的一个方向。

参考文献

[1]《马克思恩格斯选集》(第1卷),北京:人民出版社1995年版。

[2]《马克思恩格斯选集》(第2卷),北京:人民出版社1995年版。

[3]《马克思恩格斯选集》(第3卷),北京:人民出版社1995年版。

[4]《马克思恩格斯选集》(第4卷),北京:人民出版社1995年版。

[5]《马克思恩格斯全集》(第2卷),北京:人民出版社1957年版。

[6]《马克思恩格斯全集》(第3卷),北京:人民出版社1960年版。

[7]《马克思恩格斯全集》(第19卷),北京:人民出版社1963年版。

[8]《毛泽东选集》(第1卷),北京:人民出版社1991年版。

[9]《毛泽东选集》(第2卷),北京:人民出版社1991年版。

[10]《毛泽东选集》(第3卷),北京:人民出版社1991年版。

[11]《邓小平文选》(第1卷),北京:人民出版社1994年版。

[12]《邓小平文选》(第2卷),北京:人民出版社1994年版。

[13]《邓小平文选》(第3卷),北京:人民出版社1993年版。

[14] 江泽民:《在纪念党的十一届三中全会召开二十周年大会上的讲话》,北京:人民出版社1998年版。

[15] 俞可平主编:《治理与善治》,北京:社会科学文献出版社2000年版。

[16] 俞可平主编:《全球化:全球治理》,北京:社会科学文献出版社2003年版。

[17] 俞可平:《中国公民社会:概念、分类与制度环境》,《中国社会科学》,2006年第1期。

[18] 俞可平:《政治学的公理》,《江苏社会科学》,2003年第5期。

[19] 吴敬琏:《改革:我们正在过大关》,北京:三联书店2001年版。

[20] 吴敬琏:《呼唤法治的市场经济》,北京:三联书店2007年版。

[21][美] 珍妮特·V. 登哈特、罗伯特·B. 登哈特:《新公共服务:服务,而不是掌舵》,丁煌译,北京:中国人民大学出版社2004年版。

[22][美] 詹姆斯·N. 罗西瑙主编:《没有政府的治理》,张胜军等译,南昌:江西人民出版社2001年版。

[23][英] 亚当·斯密:《国富论》,唐日松译,北京:华夏出版社2005年版。

[24][美] 海伦·英格兰姆、斯蒂夫·R. 史密斯:《新公共政

策——民主制度下的公共政策》，钟振明、朱涛译，上海：上海交通大学出版社 2005 年版。

[25]［美］塞缪尔·P. 亨廷顿：《变化社会中的政治秩序》，王冠华等译，北京：生活·读书·新知三联书店 1989 年版。

[26] 联合国开发计划署编写：《2002 年人类发展报告：在破碎的世界中深化民主》，北京：中国财政经济出版社 2002 年版。

[27]［美］托夫勒：《权力的转移》，北京：中央党校出版社 1991 年版。

[28]［德］韦伯：《经济与社会》（下卷），北京：商务印书馆 1998 年版。

[29]［美］迈克尔·麦金尼斯主编：《多中心体制与地方公共经济》，上海：上海三联书店 1999 年版。

[30]［德］康德：《纯粹理性批判》，北京：人民出版社 2004 年版。

[31]［美］皮埃尔·卡蓝默等：《破碎的民主：试论治理的革命》，高凌瀚译，北京：生活·读书·新知三联书店 2005 年版。

[32]［英］鲍勃·杰索普：《治理的兴起及其失败的风险：以经济发展为例的论述》，《国际社会科学杂志》，1999 年第 2 期。

[33]［德］托马斯·海贝勒、诺拉·绍斯米卡特：《西方公民社会观适合中国吗？》，《南开学报（哲学社会科学版）》，2005 年第 2 期。

[34]［美］卡尔·博格斯：《政治的终结》，北京：社会科学文献出版社 2001 年版。

[35]［美］汉密尔顿等：《联邦党人文集》，程逢如等译，北京：商务印书馆 1982 年版。

[36] [美] 古德诺：《政治与行政》，王元译，北京：华夏出版社 1987 年版。

[37] [意] 加塔诺·莫斯卡：《统治阶级》，贾鹤鹏译，南京：译林出版社 2002 年版。

[38] [美] 凯恩斯：《预言与劝说》，赵波、包晓闻译，南京：江苏人民出版社 1997 年版。

[39] [美] 罗伯特·达尔：《论民主》，北京：商务印书馆 1999 年版。

[40] [美] 安东尼·奥罗姆：《政治社会学》，上海：上海人民出版社 1989 年版。

[41] [美] 迈克尔·罗斯金等：《政治科学》，林震等译，北京：华夏出版社 2001 年版。

[42] [英] 戴维·米勒、韦农·波格丹诺编：《布莱克维尔政治学百科全书》，北京：中国政法大学出版社 1992 年版。

[43] [匈] 玛丽亚·乔纳蒂：《转型：透视匈牙利政党——国家体制》，赖海榕译，长春：吉林人民出版社 2002 年版。

[44] 哈佛燕京学社、三联书店主编：《公共理性与现代学术》，北京：三联书店 2000 年版。

[45] 郑杭生：《当代中国社会结构和社会关系研究》，北京：首都师范大学出版社，1997 年版。

[46] 孙立平：《博弈——断裂社会的利益冲突与和谐》，北京：社会科学文献出版社 2006 年版。

[47] 徐勇：《GOVERNANCE：治理的阐释》，《政治学研究》，1997 年第 1 期。

[48] 徐勇：《治理转型与竞争——合作主义》，《开放时代》，

2001年第7期。

[49] 孙柏瑛：《当代地方治理——面向21世纪的挑战》，北京：中国人民大学出版社2004年版。

[50] 孔繁斌：《公共性的再生产——多中心治理的合作机制构建》，南京：江苏人民出版社2008年版。

[51] 何增科：《治理、善治与中国政治发展》，《中共福建省委党校学报》，2002年第3期。

[52] 何增科：《治理评价体系的国内文献述评》，《经济社会体制比较》，2008年第6期。

[53] 杨雪冬：《论治理的制度基础》，《天津社会科学》，2002年第2期。

[54] 燕继荣主编：《发展政治学：政治发展研究的概念与理论》，北京：北京大学出版社2006年版。

[55] 燕继荣：《治民·治政·治党——中国政治发展战略解析》，《北京行政学院学报》，2006年第1期。

[56] 燕继荣：《中国政治发展：理论与实践的双重变奏》，《学习与探索》，2006年第3期。

[57] 李泉：《治理思想的中国表达：政策、结构与话语演变》，北京：中央编译出版社2014年版。

[58] 赵景来：《关于治理理论若干问题讨论综述》，《世界经济与政治》，2002年第3期。

[59] B. Jessop, *The Future of the Capitalist State*, Cambridge: Polity Press, 2002.

[60] John Keane, *Democracy and Civil Society*, Verso, London/New York, 1988.

[61]Rhodes, R. *Governance and Public Administration*, in Pierre, J. (eds), Debating Governance, New York: Oxford University Press, 2000.

[62]Migdal, J. *State in Society*, New York: Cambridge University Press, 2001.

[63]Grindle, M. S. *Good Enough Governance: Poverty Reduction and Reform in Developing Countries*, Governance, 2004(4).

[64][英]拉尔夫·达仁道夫:《现代社会冲突——自由政治随感》,林荣远译,北京:中国社会科学出版社2000年版。

[65][美]乔纳森·特纳:《社会学理论的结构》(上卷),邱泽奇等译,北京:华夏出版社2001年版。

[66][美]L. 科塞:《社会冲突的功能》,孙立平等译,北京:华夏出版社1989年版。

[67][英]安德鲁·海伍德:《政治学核心概念》,天津:天津人民出版社2008年版。

[68][美]盖伊·彼得斯:《政府未来的治理模式》,北京:中国人民大学出版社2001年版。

[69][美]杰克·普拉诺等:《政治学分析辞典》,北京:中国社会科学出版社1986年版。

[70][美]塞缪尔·亨廷顿:《第三波——20世纪后期民主化浪潮》,北京:生活·读书·新知三联书店1998年版。

[71][美]托马斯·戴伊等:《民主的嘲讽》,北京:世界知识出版社1991年版。

[72][法]孟德斯鸠:《论法的精神》,北京:商务印书馆1961年版。

［73］［美］博登海默：《法哲学——法律哲学与法律方法》，北京：中国政法大学出版社 2004 年版。

［74］［美］罗伯特·达尔：《现代政治分析》，上海：上海译文出版社 1987 年版。

［75］［德］哈贝马斯：《公共领域的结构转型》，曹卫东、王晓钰、刘北城、宋伟杰译，上海：学林出版社 1990 年版。

［76］［德］马克斯·韦伯：《经济与社会》，北京：商务印书馆 1997 年版。

［77］［美］理查德·C. 博克斯：《公民治理：引领 21 世纪的美国社区》，北京：中国人民大学出版社 2005 年版。

［78］［挪］Tom Christensen, Per L greid：《后新公共管理——作为一种新趋势的整体政府》，《中国行政管理》，2006 年第 9 期。

［79］宋林飞：《西方社会学理论》，南京：南京大学出版社 1997 年版。

［80］刘彦昌：《聚焦中国既得利益集团》，北京：中共中央党校出版社 2007 年版。

［81］陈振明主编：《公共管理学：一种不同于传统行政学的研究途径》，北京：中国人民大学出版社 2003 年版。

［82］王邦佐等：《新政治学概要》，上海：复旦大学出版社 1998 年版。

［83］钱乘旦、陈意新：《走向现代化国家之路》，成都：四川人民出版社 1987 年版。

［84］孔繁斌：《走向公共管理的治理理论》，《南京社会科学》，2001 年第 9 期。

［85］张小劲：《非政府组织研究：一个正在兴起的热门课题》，

《中共宁波市委党校学报》，2002年第6期。

[86] 于海：《西方社会思想史》，上海：复旦大学出版社1993年版。

[87] 姚洋：《中国道路的世界意义》，北京：北京大学出版社2011年版。

[88] 曹荣湘选编：《走出囚徒困境——社会资本与制度分析》，上海：上海三联书店2003年版。

[89] 刘建军、陈超群主编：《执政的逻辑：政党、国家与社会》，上海：上海人民出版社2005年版。

[90] 金观涛、唐若昕：《西方社会结构的演变——从古罗马到英国资产阶级革命》，成都：四川人民出版社1985年版。

[91] 刘小枫：《这一代人的怕和爱》，北京：生活·读书·新知三联书店出版社1996年版。

[92] 甘阳：《走向"政治民族"》，《读书》，2003年第4期。

[93] 王诗宗：《治理理论及其中国适用性》，杭州：浙江大学出版社2009年版。

[94] 王长江：《政党现代化论》，杭州：浙江人民出版社2004年版。

[95] 卢正涛：《社会变革、市场经济与公民社会——发展中国家政治发展初始、基础条件比较》，《武汉大学学报（社科版）》，2003年第4期。

[96] 秦言：《中国中产阶级——未来社会结构的主流》，北京：中国计划出版社1999年版。

[97] 胡伟：《关于政治文明建设若干问题的思考》，《上海交通大学学报（哲社版）》，2003年第2期。

[98] 萧功秦：《市民社会与中国现代化的三重障碍》，《中国社会科学季刊》，1993年第5期。

[99] 康晓光：《权力的转移——转型时期中国权力格局的变迁》，杭州：浙江人民出版社1999年版。

[100] 敬乂嘉主编：《网络时代的公共管理》，上海：上海人民出版社2011年版。

[101] 顾建光：《从公共服务到公共治理》，《上海交通大学学报（哲学社会科学版）》，2007年第3期。

[102] 郁建兴：《马克思国家理论与现时代》，上海：东方出版中心2007年版。

[103] 郁建兴、黄红华：《2006年中国公共管理研究前沿报告》，《中共宁波市委党校学报》，2007年第3期。

[104] 郁建兴、吕明再：《治理：国家与市民社会关系理论的再出发》，《求是学刊》，2003年第7期。

[105] 郁建兴、刘大志：《治理理论的现代性与后现代性》，《浙江大学学报（人文社会科学版）》，2003年第2期。

[106] 孙萍、耿国阶、张晓杰：《中国治理研究：引介、应用、反思与转化——本土化视角的文献回顾》，《南京社会科学》，2008年第3期。

[107] 李春成：治理：《社会自主治理还是政府治理？》，《探索与争鸣》，2003年第3期。

[108] 唐桦：《"政治成熟"与中国的政治成熟之路》，《东南学术》，2004年第6期。

[109] 徐亚文：《以人为本的法哲学解读》，《中国法学》，2004年第4期。

[110] 秦晖：《传统十论》，上海：复旦大学出版社 2003 年版。

[111] 张方华：《公共利益范畴的歧义性与准确界定》，《云南行政学院学报》，2010 年第 4 期。

[112] 麻宝斌等：《十大基本政治观念》，北京：社会科学文献出版社 2011 年版。

[113] 张昕：《转型中国的治理与发展》，北京：中国人民大学出版社 2007 年版。

[114] 张成福：《面向 21 世纪的中国再造基本战略的选择》，《教学与研究》，1999 年第 7 期。

[115] 刘波、王力立、姚引良：《整体性治理与网络治理的比较研究》，《经济社会体制比较》，2011 年第 5 期。

[116] 竺乾威：《从新公共管理到整体性治理》，《中国行政管理》，2008 年第 10 期。

[117] 张成福：《论政府治理工具及其选择》，《中国机构》，2003 年第 1 期。

[118] 陈郁：《充分发挥社会组织作用》，《经济日报》，2012 年 3 月 22 日，第 3 版。

[119] 何植民、齐明山：《网络化治理：公共管理现代发展的新趋势》，《甘肃理论学刊》，2009 年第 3 期。

[120] 申剑、白庆华：《治理理论及其评价》，《广西大学学报（哲学社会科学版）》，2006 年第 6 期。

[121] 张文显：《法学基本范畴研究》，北京：中国政法大学出版社 1993 年版。

[122] 杨光斌：《中国政治学的研究议程与研究方法问题》，《教学与研究》，2008 年第 7 期

[123] 张国清：《从政治学到政治科学——中国政治学研究的难题与范式转换》，《厦门大学学报（哲学社会科学版）》，2004 年第 4 期。

[124] 何艳玲：《问题与方法：近十年来中国行政学研究评估（1995—2005）》，《政治学研究》，2007 年第 1 期。

[125] 肖唐镖、郑传贵：《主题、类型和规范：国内政治学研究的状况分析——以近十年复印报刊资料〈政治学〉中的论文为对象》，《北京行政学院学报》，2005 年第 2 期。

[126] 刘银喜：《政府治理理论的兴起及其中国化》，《内蒙古大学学报》（人文社会科学版），2004 年第 4 期。

[127] 薛晓源、李惠斌：《中国现实问题研究前沿报告》，上海：华东师范大学出版社 2007 年版。

[128] 王金福：《正确认识社会主义初级阶段中的异化问题》，《江苏社会科学》，1999 年第 2 期。

[129] 朱尚同、陈学源、李楚凡：《来自欧洲的马克思》，《书屋》，2008 年第 7 期。

[130] 王诗宗：《治理理论的内在矛盾及其出路》，《哲学研究》，2008 年第 2 期。

[131] 王长江：《靠什么化解干部任用上的社会质疑》，《学习时报》，2013 年 6 月 10 日，第 3 版。

[132] 蓝志勇、陈国权：《当代西方公共管理前沿理论述评》，《公共管理学报》，2007 年第 3 期。

[133] 贺东航：《中国现代国家的构建、成长与目前情势——来自地方的尝试性解答》，《东南学术》，2006 年第 4 期。

[134] 顾丽梅：《新公共服务理论及其对我国公共服务改革之启

示》,《南京社会科学》,2005年第1期。

[135] 周敬伟:《进一步发展中国公共行政学科:四个关键》,《公共行政评论》,2009年第3期。

[136] 刘小枫:《现代人及其敌人》,北京:华夏出版社2005年版。

[137] 王邦佐、罗峰:《从一元转向多元——关于中国执政党政治整合方式的对话》,《探索与争鸣》,2003年第7期。

[138] 林尚立:《党内民主:中国共产党的理论与实践》,上海:上海社会科学院出版社2001年版。

[139] 张恒山:《中国共产党的领导与执政辨析》,《中国社会科学》,2004年第1期。

[140] 赵树凯:《"底层研究"在中国的应用意义》,《东南学术》,2008年第3期。

[141] 刘建军:《当代中国政治思潮的兴起与变迁》,《华东师范大学学报(哲社版)》,2003年第3期。

[142] 夏禹龙:《中国社会阶层结构变迁的展望和导向》,《上海交通大学学报(哲社版)》,2003年第1期。

[143] 周毅之:《全球化进程与公民对政府的信任投入》,《江海学刊》,2001年第1期。

[144] 吴理财:《政府间的分权与治理》,《马克思主义与现实》,2003年第3期。

[145] 褚松燕:《行政服务机构建设与整体性政府的塑造》,《中国行政管理》,2006年第7期。

[146] 刘霞、向良云:《公共危机治理》,上海:上海交通大学出版社2010年版。

［147］蔡拓：《全球治理的中国视角与实践》，《中国社会科学》，2004 年第 1 期。

［148］黄显中、何音：《公共治理的基本结构：模型的建构与应用》，《上海行政学院学报》，2010 年第 2 期。

［149］丛日云：《全球治理、联合国改革与中国政治发展》，《浙江学刊》，2005 年第 5 期。

［150］刘东：《警惕人为的"洋泾浜学风"》，《二十一世纪》，1995 年第 12 期。

［151］荣剑：《马克思的国家和社会理论》，《中国社会科学》，2001 年第 3 期。

［152］王金福：《正确认识社会主义初级阶段中的异化问题》，《江苏社会科学》，1999 年第 2 期。

［153］黄宗良：《特权阶层问题与社会主义的命运》，《国际政治研究》，2002 年第 1 期。

［154］谢岳：《市场转型、精英政治化与地方政治秩序》，《天津社会科学》，2005 年第 1 期。

［155］唐昊：《"阶层固化"的逻辑与出路》，《南风窗》，2012 年 17 期。

［156］于建嵘：《抗争性政治：中国政治社会学基本问题》，北京：人民出版社 2010 年版。

［157］贺东航：《新公共管理的回顾与检视——基于中国国家建设的视角》，《政治学研究》，2008 年第 2 期。

［158］张贤明、高光辉：《公正、共享与尊严：基本公共服务均等化的价值定位》，《吉林大学社会科学学报》，2012 年第 4 期。

［159］杨涛：《治理型政党与政党权威的再生产——以南京鼓楼

区华侨路街道为例》,《西南交通大学学报(社会科学版)》,2012年第5期。

[160] 罗峰:《嵌入、整合与政党权威的重塑——对中国执政党、国家和社会关系的考察》,上海:上海人民出版社2009年版。

[161] 陈明明:《以民生政治为基本导向的政治发展战略》,《江苏社会科学》,2012年第2期。

[162] 叶中华、赖先进:《近年来公共管理理论研究回顾与展望》,《中国行政管理》,2012年第10期。

[163] 刘文富:《网络政治:网络社会与国家治理》,北京:商务印书馆2002年版。

[164] 陈芳、陈振明:《当代中国地方治理中的公民参与——历程、现状与前景》,《东南学术》,2008年第4期。

[165] 朱晓红、伊强:《论社会治理的多元主体结构》,《学习论坛》,2007年第8期。

[166] 王劲晓、杨文斌:《关于社会管理创新工作的几点思考》,《河南社会科学》,2012年第12期。

[167] 程竹汝、任军峰:《当代中国政党政治的功能性价值》,《政治学研究》,2000年第4期。

[168] 王金水:《网络政治参与与政治稳定机制研究》,北京:中国社会科学出版社2013年版。

[169] 李泉:《治理理论的谱系与转型中国》,《复旦学报(社会科学版)》,2012年第6期。

[170] 朱鹏:《论马克思国家理论与善治思想的契合》,《江苏社会科学》,2012年第6期。

[171] 彭向刚、李永胜:《服务型政府绩效评估:价值取向及其

要求》,《行政论坛》,2013年第5期。

[172] 巩建华、曹树明:《差序格局的文化影响与关系社会的破坏作用——兼论西方公共治理理论在中国实践的困境》,《江淮论坛》,2007年第4期。

[173] 周晓丽:《传统公共行政、新公共管理、新公共服务比较研究》,《天府新论》,2006年第3期。

[174] 李严昌:《当代中国政府回应过程:动力与特征》,《中国特色社会主义研究》,2012年第4期。

[175] 叶娟丽、马骏:《公共行政中的街头官僚理论》,《武汉大学学报(社会科学版)》,2003年第9期。

[176] 王春福:《公共治理变革中的理性谱系解析》,《浙江社会科学》,2011年第11期。

[177] 薛澜:《全球公共治理:中国公共管理未来30年研究的重要议题》,《公共行政评论》,2012年第1期。

[178] 倪斌、吴言林:《公共治理模式与经济发展——基于中国历史的经验研究》,《江苏行政学院学报》,2012年第2期。

[179] 时和兴:《复杂性时代的多元公共治理》,《人民论坛·学术前沿》,2012年第4期。

[180] 何霜梅、江卓:《公共治理视域下的社会组织与社会统战工作》,《中央社会主义学院学报》,2013年第2期。

[181] 余军华、袁文艺:《公共治理:概念与内涵》,《中国行政管理》,2013年第12期。

[182] 屈鑫涛、李沛丽:《政治权威的构建与发展——基于中国政治实践的研究》,《中南民族大学学报(人文社会科学版)》,2014年第4期。

[183] 李慧凤：《公共治理视域下的社会管理行为优化》，《中国人民大学学报》，2014 年第 2 期。

[184] 公维友、张全新：《公共治理与民主行政的发展》，《山东社会科学》，2014 年第 4 期。

[185] 汪玉凯：《中国改革发展新阶段与公共治理变革》，《科学发展》，2014 年第 7 期。

[186] 魏崇辉：《治理理论有效适用与当代中国民主政治发展》，《学术论坛》，2008 年第 11 期。

[187] 魏崇辉：《当代中国政治语境下的治理理论研究——一个分析框架构建的尝试》，《政治与法律》，2009 年第 4 期。

[188] 魏崇辉：《当代中国公共治理理论有效适用：逻辑、权威与根基》，《社会主义研究》，2012 年第 4 期。

[189] 魏崇辉：《当代中国公共治理理论有效适用的结构、方式与责任》，《理论与改革》，2012 年第 5 期。

[190] 魏崇辉：《当代中国公共治理理论有效适用：必要、关键与保障》，《经济体制改革》，2012 年第 6 期。

[191] 魏崇辉：《西方公共治理理论在当代中国有效适用的逻辑》，《科学决策》，2013 年第 6 期。

[192] 魏崇辉：《当代中国公共治理理论有效适用的三维视角解读——指向、均势与秩序》，《行政与法》，2013 年第 7 期。

[193] 魏崇辉：《当代中国公共治理理论有效适用的目标、根基与可行路径分析》，《当代经济管理》，2013 年第 8 期。

[194] 魏崇辉：《公共治理理论有效适用的困境及其破解：共识、精英与阶层变迁的视角》，《行政论坛》，2014 年第 3 期。

[195] 魏崇辉：《当代中国国家治理现代化的理论指导、基本理

解与困境应对》,《理论与改革》,2014 年第 2 期。

［196］魏崇辉:《比较视野下的政治发展——兼论和谐社会构建中的政治发展》,《云南行政学院学报》,2009 年第 2 期。

［197］魏崇辉:《社会转型期的政治整合、政党权威与政治成熟》,《云南行政学院学报》,2008 年第 5 期。

［198］魏崇辉:《民间力量的累积和当代中国政治文明建设》,《内蒙古社会科学》,2007 年第 4 期。

［199］魏崇辉:《政党权威:基本走向及其现实构建》,《内蒙古社会科学》,2006 年第 1 期。